TREHELI

Er cof am Mam

TREHELI

Mared Lewis

Hoffwn ddiolch i'r Athro Angharad Price o Ysgol Y Gymraeg,
Prifysgol Bangor, am ei hanogaeth a'i hadborth gwerthfawr,
ac i'r Athro Gerwyn Wiliams am ei gefnogaeth gyson.

Diolch i'r Dr Gerry Sanger am y sgyrsiau
e-bost difyr ar un agwedd o'r stori.

Diolch i Meinir am ei golygu gofalus a'i hawgrymiadau doeth.

Diolch yn arbennig i Dafydd, Elis ac Iddon am eu cariad a'u ffydd,
ac i fy mrawd Gwyn am fod yn gefn.

Diolch hefyd i'm ffrindiau am beidio holi gormod.

Argraffiad cyntaf: 2019
© Hawlfraint Mared Lewis a'r Lolfa Cyf., 2019

*Mae hawlfraint ar gynnwys y llyfr hwn ac mae'n anghyfreithlon
llungopïo neu atgynhyrchu unrhyw ran ohono trwy unrhyw ddull ac
at unrhyw bwrpas (ar wahân i adolygu) heb gytundeb ysgrifenedig y
cyhoeddwyr ymlaen llaw*

Cynllun y clawr: Ffion Pritchard

Rhif Llyfr Rhyngwladol: 978 1 78461 715 8

Dymuna'r cyhoeddwyr gydnabod cymorth ariannol
Cyngor Llyfrau Cymru

Cyhoeddwyd ac argraffwyd yng Nghymru
ar bapur o goedwigoedd cynaliadwy gan
Y Lolfa Cyf., Talybont, Ceredigion SY24 5HE
e-bost ylolfa@ylolfa.com
gwefan www.ylolfa.com
ffôn 01970 832 304
ffacs 01970 832 782

Rhaid gweithio'n chwim. Ac yn ddirgel fel gwenwyn. Gall unrhyw smic fradychu, gall unrhyw ochenaid ddatgelu. Dal pob dim yn dynn, yn effeithiol. Cadw pob dim dan reolaeth. Ac fe weithith pethau fel wats.

Brath oerni'r gwynt ar war noeth. Bysedd menyg yn cau allan min awel y nos. Gweithio'n chwim, yn ddirgel. Yn effeithiol.

Unwaith mae bolltiau'r colfachau wedi'u llacio, mae'r giât yn llithro'n rhyfeddol o rwydd i rym y bysedd, yn codi'n hawdd i orchymyn y dwylo. Edrych yn sydyn i gyfeiriad y tŷ, y ffenestri yn syllu yn llygaid tywyll cyhuddgar. Ond does 'na'm enaid byw y tu ôl i'r syllu. Does 'na neb wedi gweld.

Ac yna'r glec. Clec fel gwn yn rhwygo awyr y nos. Rhewi. Gwrando. Ust. Ussssssst. Mae cloddiau'r ardd yn tyfu, yn chwyddo, yn cau i mewn, fel plismyn sgwâr yn closio am eu prae. A metel y giât yn drwm, yn sigo dan y dwylo, yn treiddio drwy wlân y menyg duon.

Richard

Roedd y sŵn yn cynyddu yn y neuadd, rhyw gwmwl o fwmian isel oedd yn chwyddo'n raddol mewn cryfder wrth i faer Treheli, Richard E Preis, syllu allan ar y dorf. Wrth iddo syllu roedd eu hedrychiad, yn ogystal â'u sŵn, yn toddi'n un.

Roedd blwyddyn neu ddwy o brofiad dan ei felt wedi dysgu i Richard fod edrych ar y dorf yn un fel hyn yn mynd i wneud pethau'n haws iddo fo mewn munud pan fyddai'n rhaid iddo godi ac annerch y gynulleidfa. Doedd siarad yn gyhoeddus ddim yn dŵad yn hawdd iddo, hyd yn oed ar ôl yr holl flynyddoedd o gapel, ysgol a swyddi. Roedd o'n dal i deimlo cledrau ei ddwylo'n dechrau chwysu wrth feddwl am godi ar ei draed, a theimlo'r gwrid yn amdo coch dros ei wyneb a'i wddw, nes ei fod yn teimlo'n un talp annigonol, nerfus.

Ond roedd y strategaeth o feddwl am y bobol o'i flaen fel rhyw fath o fôr amryliw homogenaidd yn gwneud pethau rywfaint yn haws. Byddai cyflymder ei lais yn arafu, ei dôn yn mynd yn ddyfnach ac yn fwy gwastad, a'i bengliniau yn crynu ychydig bach llai. Fel hyn, byddai'n gallu annerch ei gynulleidfa mewn modd oedd yn briodol i faer tref ei wneud.

Pan amneidiodd cadeirydd neuadd y dref arno i gamu mlaen

at y pulpud bach, roedd Richard yn barod, a chamodd ymlaen gydag arddeliad dyn oedd yn medru llenwi neuadd ar noson oer o hydref.

Tawelodd y dorf yn syth o'i weld yn sefyll o'u blaenau, a llyncodd Richard ei boer.

*

Ar ôl iddo eistedd yn ôl i lawr, ryw chwarter awr yn ddiweddarach, gallai Richard daeru fod ei lais yn dal i ddiasbedain o un pen y neuadd i'r llall. Roedd yr hyn roedd ganddo i'w ddeud wedi cael cryn effaith ar bobol, wrth gwrs, ac roedd hynny'n naturiol. Er bod Richard wedi bod yn ofalus iawn i gadw ei eiriau'n gymedrol a'i lais yn wastad ac awdurdodol, roedd clywed bod rhywun diarth yn prowlan strydoedd Treheli yn siŵr o godi ofn, os nad panig, yn y gymdogaeth.

Camodd cadeirydd y cyfarfod at flaen y llwyfan a dechrau ar ei ddiolchiadau. Dyn byr o gorfforaeth oedd Edwin Parry, dyn a edrychai fel tasai wedi cael ei eni mewn gwasgod a siwt. Gwisgai sbectol gron a wnâi iddo edrych yn hynod o debyg i'r bardd, y T H Parry Williams hwnnw yr oedd Richard wedi dysgu amdano yn yr ysgol ers talwm. Ond dyn trin ceir ac nid geiriau oedd Edwin, a dyn trin cychod cyn hynny. Cymerodd Edwin gip yn ôl ar Richard cyn dechrau siarad, a gwenu'n dadol arno.

'Wel, dwi'n siŵr bod pawb ohonan ni'n ddiolchgar i'r maer am ddŵad draw yma heno i...'

Ond torrwyd ar ei draws gan lais o gefn y neuadd.

'Wel, pwy ydi o, 'ta? Sgynnoch chi syniad pwy 'di'r person 'ma sy'n prowlan hyd ein strydoedd ni?' Croesawyd cwestiwn yr hen wàg â murmur o gydsynio a ledodd fel tân drwy'r lle.

Edrychodd Edwin Parry yn ôl ar Richard mewn ychydig bach o benbleth a chodi ei aeliau'n awgrymog.

Rhoddodd yr ychydig eiliadau yma o ansicrwydd y cyfle i'r dorf ddechrau sisial siarad â'i gilydd, a damiodd Richard na fyddai'r cadeirydd wedi gwneud ei waith yn iawn a rhoi taw arnyn nhw'n reit sydyn.

Edrychodd Richard ar Edwin unwaith eto, a nodiodd hwnnw bron yn ymbilgar, gan roi ystum i gyfeiriad y pulpud. Doedd gan Richard ddim dewis ond codi ar ei draed drachefn ac annerch y bobol unwaith eto.

Cododd ei law er mwyn gofyn am dawelwch, gweithred a roddodd ryw gymaint o bleser iddo fo gan ei fod yn atgoffa Richard o lun rhyw arweinydd yn tawelu torf mewn sgwâr byrlymus. Ufuddhaodd pawb yn y neuadd i'w ystum yn syth.

Cliriodd ei wddw.

'Mae gynnon ni reswm i feddwl mai... mai gwryw ydi o,' meddai Richard yn bwyllog. 'Dyn,' ychwanegodd, rhag ofn bod ambell un ddim cweit yn siŵr be oedd gwryw. Aeth yn ei flaen. 'A 'dan ni'n meddwl ei fod o'n gweithredu ar ei ben ei hun. Ond fedrwn ni ddim bod yn berffaith siŵr eto, wrth gwrs.'

Mwmian braidd yn anfodlon.

'Sgynnon ni ddim enw, a wel, dim disgrifiad ohono chwaith, tasa hi'n dŵad i hynny, dim byd fydda'n —'

'Ond sut dach chi'n gwbod ma dyn ydi o, 'ta?' gofynnodd rhywun o'r cefn eto, y geg fawr oedd wedi dechrau'r holi yn y lle cyntaf, tybiodd Richard.

'Ma gynnon ni reswm i gredu oherwydd... ym... natur y...' Teimlai Richard ei hun yn mynd i gors, gan ddechrau ymbalfalu am unrhyw eiriau swyddogol i roi rhyw fath o fframwaith i wagle ei dystiolaeth.

'Sens yn deud, tydi!' gwaeddodd llais arall, llais yn nes at y tu blaen y tro hwn.

'Pam?' meddai rhywun arall. Roedd y dorf yn dechrau magu adenydd, yn dechrau sgwrsio ymhlith ei gilydd.

'Sa dynas byth yn medru codi giatia haearn fel'na a'u taflu nhw i'r ardd, na fasa?'

Cymerodd y dorf, fel un corff, anadl o fraw.

'Ma dynas yn ddigon tebol i fedru gneud unrhyw beth ma dyn yn neud!' protestiodd rhyw lais main, ond anwybyddwyd ei phrotest gan adael iddi ddilyn trywydd y sgwarnog arbennig hwnnw ar ei phen ei hun.

'Y petha 'ma o ffwr' ydyn nhw, saff chi!' meddai rhyw lais arall.

'Ia!' cytunodd rhywun arall wedyn. 'Rhyw hen bobol o'r tu allan yn dŵad yma i greu stŵr!'

Chwyddodd y mwmian siarad drachefn. Trawodd Richard ei ddwrn ar y lectern i ofyn am dawelwch, rhywbeth a greodd gymaint o syndod iddo fo ag i bawb arall.

'Gyfeillion,' meddai, a'i dôn yn gymodlon heb lacio ei awdurdod. 'Gyfeillion, y peth pwysica allwn ni ei wneud rŵan, fel aelodau cyfrifol o'n cymuned ni yma yn Nhreheli…' (Llongyfarchodd ei hun ar yr effaith a gafodd y 'ni' cynhwysol ar ei gynulleidfa) '… ydi bod yn wyliadwrus, cadw llygad barcud am unrhyw… unrhyw beth anghyffredin, unrhyw beth sydd allan o'i le. Fel ein bod i gyd yn medru sefyll i fyny dros ein cymuned a herio unrhyw un sy'n ei bygwth!'

Ysbrydolwyd rhywun yn y sêt flaen i ddechrau clapio, ac ymunodd sawl un arall hefyd. Ond roedd y rhan fwyaf o'r dorf wedi troi at y person oedd y drws nesa iddyn nhw, a'u pennau'n llawn o'r dieithryn oedd yn prowlan yn eu plith.

Rita

ROEDD HI WEDI cymryd ei hamser i'w pharatoi ei hun a'r tŷ heno, wedi ymfalchïo yn y gweithredoedd. Ceisiodd ei hatgoffa ei hun y byddai'n teimlo'n well o lawer ar ôl cael pob man yn lân ac yn ddeniadol, fel bod dim arlliw o'i bywyd go iawn yn ymwthio i'r darlun yr oedd o'n ei gael pan oedd o'n camu i mewn i'w hogof beraroglus.

I ffwrdd â'r plât bach efo briwsion bisgedi caws arno, y rhai yr oedd hi'n hoffi cnoi arnyn nhw wrth wylio *Coronation Street*. Cipiodd y copïau o'r *Woman's Own* a'r *Radio Times* oddi ar y soffa a'u stwffio i gefn y gadair freichiau fawr (fydda fo ddim yn mynd yn agos at honno, am ryw reswm).

Unwaith, roedd hi wedi anghofio sgubo pob tamaid ohoni hi'i hun o'r neilltu. Roedd wedi dŵad trwodd o'r gegin yn cario'r ddau wydraid o Cava a'i weld yn astudio'i rhestr siopa fel tasai'n darllen nofel, a rhyw hen wên sardonig ddiarth ar ei wyneb:

'*Cauliflower*, llefrith, sosejys, caws...'

Roedd y noson honno wedi ei difetha, cofiai, a hithau wedi methu'n glir â'i chael ei hun yn y mŵd wedyn, ar ôl iddo fod yn ymbalfalu yn ei bywyd bob dydd.

Ond roedd heno'n wahanol. Roedd hi wedi bod yn sgwrio ac yn hwfro yn egnïol, a'r symudiadau rhythmig yn corddi rhywbeth y tu mewn iddi, yn gwneud iddi deimlo'n ifanc ac yn ffrwythlon. Prin y gallai hi beidio â chysylltu oglau disinffectant a *bleach* efo'r teimlad cynhyrfus yma yng ngwaelod ei bol.

Bu'n socian mewn bàth am hir wedyn, a rhoi mwy na digon o stwff oglau da, fel bod y bybls persawrus yn ei hamgylchynu'n llwyr wrth iddi suddo'n is ac yn is, ac ildio i gynhesrwydd y dŵr.

Gadawsai i'w bysedd lithro drwy'r swigod, yn slic fel sgodyn, a nythu yn y gilfach rhwng ei choesau. Roedd hi'n feddal i lawr yn fan'no, fel anemoni, yn barod am noson o flysio efo dyn oedd wedi dŵad yma i anghofio ac i wneud iddi hi anghofio.

Wedi clirio pob man o unrhyw arwydd ohoni hi ei hun, taenodd Rita flanced ffwr llewpart cogio ar hyd y soffa. Roedd yna resymau hollol ymarferol am hyn, wrth reswm. Bu'n ciwio'n hir y tu allan i'r siop ddodrefn ryw fore o Ionawr, er mwyn bachu'r soffa yma yr oedd wedi bod yn ei llygadu ers misoedd. Doedd hi ddim am i unrhyw beth adael staen ar ei soffa a chreu strach ychwanegol iddi yng ngolau didostur y bore wedyn.

Yr elfen ymarferol yma oedd y prif reswm am y flanced ffwr. Neu hwnnw oedd y rheswm gwreiddiol, byddai hynny'n nes ati. Ond roedd hi hefyd wedi mynd i fwynhau teimlad y ffwr synthetig ar groen ei phen ôl pan oedd hi'n tynnu ei nicar ffrils yn ara deg bach dan lygaid soseri'r dyn; yn mwynhau'r ffordd yr oedd y ffwr yn cosi y tu mewn i'w chluniau, wrth iddi ledu ei choesau yn araf araf iddo. Roedd hyn i gyd yn rhan o'r pleser, doedd? Yn rhan o'r hwyl. Fore trannoeth, mater bach fyddai rhoi fflich ddiseremoni i'r flanced i'r peiriant golchi, gan adael ei soffa hoff yn ddilychwin.

Rhesymeg ddigon tebyg a barodd iddi wisgo *négligée* fach chwaethus o dan y gôt tŷ fach gingham yr oedd hi wedi ei phrynu flynyddoedd yn ôl efo'i mam ym marchnad Pwllheli. Prynodd ei mam un binc a hithau un las. Roedd hi wedi bod yn ddefnyddiol iawn o gwmpas y tŷ wrth iddi orfod tendio fel morwyn fach ar ei mam ar ddiwedd ei hoes. Ond erbyn hyn, roedd yr *housecoat* yn chwarae rôl allweddol yn nrama'r hudo.

Yn y diosg yr oedd y pleser i Rita. Ni fyddai byth yn ei gwisgo i'w phriod bwrpas erbyn hyn. Doedd 'na fawr o waith cymoni chwaith, a deud y gwir, a hithau'n byw ar ei phen ei hun. Dim ond ar gyfer y nosweithiau yma pan fyddai o'n galw. Ffordd o guddio'r *négligée* sidan pinc tan yr oedd yn fodlon i'w dangos oedd y gôt tŷ erbyn hyn. Ildiai'r botymau'n hawdd i'w bysedd medrus; roedd hyd yn oed ei fysedd trwsgl trachwantus o yn medru agor y botymau'n ddigon deheuig er mwyn i'r gôt fedru ymagor, gan ddangos chwydd hardd ei bronnau. Tasai hi'n onest efo hi ei hun, (roedd hi wrth gwrs, yn trio bod yn onest ar bob achlysur), roedd yna fwy o ryddhad, mwy o bleser yn y prolog bach llawn disgwyliadau hwn nag yn y weithred ei hun.

Estynnodd am yr *housecoat* felly, oddi ar y bachyn ar gefn drws y gegin. Dim rŵan oedd yr amser i feddwl am y byd a'r bywyd yr oedd o'n ei adael ar ei ôl wrth iddo gamu dros riniog ei drws. Doedd 'na ddim byd y tu allan i'r swigen binc bersawrus yr oedd Rita wedi ei greu iddo. Doedd dim arall yn bwysig. Gallai ogleuo'r chwys arno weithiau, a straen ei swydd bwysig yn creithio ei wyneb. Ei hanrhydedd hi oedd gweld y rhychau yn llyfnhau, y tensiwn yn llacio wrth iddo fod yn ei chwmni.

Roedd brys anghyffredin ar y tair cnoc nodweddiadol ar y

drws am naw o'r gloch. Gwenodd wrthi hi ei hun ac edrych ar ei hadlewyrchiad yn nrws sgleiniog y popty newydd.

'Barod amdana chdi, Rich,' sibrydodd, cyn dechrau cerdded am y cyntedd i agor y drws iddo.

Isabella

EISTEDDODD AR GADAIR hir efo lle i ddau eistedd arni hi. Ond doedd Isabella ddim yn dymuno hynny. Roedd hi wedi dod yma i eistedd ac edrych ar y môr er mwyn cael mynd oddi wrth bawb. Oddi wrth bobol a'u geiriau a'u cwestiynau, yn gwneud i chi fod eisiau dringo y tu mewn i chi eich hun a chuddio.

Roedd hi'n braf eistedd yma yn edrych ar y tonnau'n rasio yn erbyn ei gilydd, a'u pennau gwynion yn codi bob hyn a hyn fel cynulleidfa capel ar ôl i bawb orffen gweddïo. Ond doedd 'na ddim sŵn siarad yn fan'ma, dim tagu na siffrwd papur da-da yn slei bach a sŵn sipian y da-da, a blas mint ar y sŵn.

Sylwodd hi ddim ar yr hogyn yn pasio heibio iddi hi i ddechrau, dim ond gweld pâr o drowsus a choesau tena, tena y tu mewn iddyn nhw.

'Mint?' gofynnodd iddo, heb wybod pam yn iawn. 'Sgynnoch chi'm Mint Imperial i mi, nago's?'

Stopiodd y coesau. Cododd Isabella ei phen, ac edrych ar yr wyneb oedd yn perthyn i'r coesau. Wyneb ifanc, a'r croen yn llyfn fel ton yn dechrau ar ei thaith.

'Ton dach chi?!' gofynnodd, a chwerthin wedyn am fod mor wirion. 'Don? Don dach chi? Arafa don, arafa don,' meddai wedyn a gweld ei hun yn dda am fod wedi cael allan o honna heb i neb sylwi.

'Naci. Dim Don dwi,' meddai'r llais oedd yn perthyn i'r wyneb oedd yn perthyn i'r coesau.

'Mint?' gofynnodd Isabella eto.

Wedyn daeth y dyn i eistedd i lawr. Dyn oedd o, er bod ganddo lais fel plentyn, fel merch.

Teimlodd Isabella yn flin am eiliad am ei fod wedi dod i eistedd efo hi, ar ei chadair hi, er bod yna le i rywun arall. Roedd hi wedi meddwl codi ei choesau a'u hymestyn fel cath, a chael teimlo'r gwynt a gwres yr haul yn cosi ei chroen. Roedd hi wedi gwneud hyn o'r blaen, roedd hi'n siŵr o hynny. Wedi teimlo'i gwallt yn dawnsio o gwmpas ei hwyneb, wedi teimlo'r haul yn cosi'r brychau ar ei breichiau. Brychau? Brychnant? Fe ddaeth y gair o nunlle, i chwarae mig efo hi, ond unwaith roedd hi'n trio'i ddal, roedd o'n sleifio i ffwrdd ac yn gadael ei lythrennau'n hongian fel cig ar weiran bigog.

'Sgin i'm mint chwaith.'

Munt. Mint. Diwedd y gair yn clecian ar ei dafod. Yn blasu dim. Yn clecian mewn gwagle.

'Dach chi'n iawn?' gofynnodd y dyn-hogyn-dynas iddi. Roedd o'n ifanc iawn, a'i groen yr un lliw ag awyr ar fore oer, yn wyn ac yn sâl, ond heb fod yn bygwth glaw.

'Dwi'n iawn? Ti'n iawn? Iawn? Iawn?'

Iawn. Gair braf. Yn agor eich ceg led y pen. Gair llawn dannadd. Gair llawn consýrn. Gair pobol sy'n busnesu, yn trio'ch cael chi i wneud pethau dydych chi ddim eisiau'u gwneud. Dwi'm isio pi-pi, dwi'm isio. Misio misio misio.

'Lle dach chi'n byw? Dach chi'n byw'n bell o fan'ma?'

Cwestiynau. A bachyn brwnt ar eu pennau. Bachyn i'ch llusgo chi o'r môr a'ch sodro chi ar y lan i grino yn yr haul.

'Nac'dw. Yma. Dwi'n byw yn fan'ma.'

Ac mae hi'n teimlo'n fyw yn fan'ma, a'r awel yn pryfocio

ymyl ei sgert, yn gwneud i'w gwallt ddawnsio. Yma mae hi'n fyw. Yma mae hi'n byw. Fan'ma. Rŵan.

'Fan'ma.'

Tydi o ddim yn deud dim byd wedyn, nac yn holi mwy. Y dyn sy'n ddynes ac yn blentyn. Mae'r cwestiynau i gyd wedi cael eu cipio gan y gwynt, ac mae'r ddau ohonyn nhw'n eistedd drws nesa i'w gilydd yn edrych allan ar yr olygfa. Mae'r cymylau'n creu cleisiau ar y mynyddoedd ar draws yr aber, ac yna'n llithro oddi wrthyn nhw a throstyn nhw, fel tasai'r cleisiau yn greaduriaid byw yn crwydro'r bryniau. Mi liciai Isabella fod yn medru crwydro fel'na. Llithro dros y tir, yn codi a disgyn fel cysgod, a sleifio o afael y byd.

'Noa dwi,' meddai o'r diwedd. 'Dwi'n byw yn dre 'ma. Dwi'm 'di'ch gweld chi o'r blaen, naddo?'

'Naddo.' Hawdd. Ateb hawdd i gwestiwn hawdd. Naddo Noa, Noa naddo. Na, na, na...

'Sgynnoch chi arch?' meddai hithau wedyn, a gweld y dudalen yn glir o'i blaen, *Beibl y Plant* a'r anifeiliaid yn mynd i gyd fesul dau, i mewn i'r arch â nhw.

Mae'r hogyn yn rhoi chwerthiniad bach tyn – chwerthiniad ar lastig ac mae o'n ei ddal yn ôl rhag rhedeg i ffwrdd. Mae hi'n licio'r syniad yna, o gael darn o lastig rhag i bethau redeg i ffwrdd oddi wrthach chi. Rho hithau chwerthiniad bach ar lastig, ond mae o'n beth mwy anodd nag y mae hi'n ei feddwl.

'Cadw petha'n dynn. Dach chi'n licio cadw petha...'

'Pwysig, tydi? Cadw petha'n... dynn, fel dach chi'n ddeud. Ma hi mor hawdd colli...'

Colli. Colli. Colli. Colli goriad. Colli papur. Colli bag. Colli gair. Colli cof. Colli nabod. Colli chi'ch hun.

Mae llais yr hogyn yn mynd ymlaen, ond tydi o ddim yn llais sy'n mynd drwyddi fel cyllell ac yn gwneud iddi deimlo ar goll ac yn flin ac yn crafu i gyd. Llais hogyn yr arch, yn llifo fel dŵr.

'Gormod o bobol… yn yfed gormod, siarad gormod, bwyta gormod.'

'Noa, Arch Noa,' meddai, a theimlo rhywbeth cynnes y tu mewn iddi am ei bod wedi cofio ei enw.

NOA. Enw byr. Glân. Tyn.

'Isabella,' meddai hi, yr enw yn dŵad iddi fel hen alaw.

'Isabella? Dyna ydi'ch enw chi?'

Mae o'n gwenu rŵan, a'i wyneb gwyn o'n stumio'n wên fawr.

Isabella. Ia.

'Prydferth,' medda fo, ac mae'n air sy'n rhyfedd o'i geg, ac eto'n air perffaith hefyd.

Wrth iddo edrych allan ar lwydlas y tonnau bach a'r cychod yn cloncian ac yn nofio ar bob ton, mae o'n gwenu.

Mae hi'n codi wedyn, ac yn symud yn sydyn i gyfeiriad y môr.

Noa

ROEDD EI CHYFFWRDD wedi bod yn deimlad rhyfedd. Ei hesgyrn yn bonciau bach caled o dan ei chardigan, a chroen ei dwylo fel papur crêp. Yn hardd o fregus. Doedd o ddim yn cofio'r tro diwetha iddo gyffwrdd rhywun arall. Ei asgwrn yn cyffwrdd asgwrn arall. Erbyn iddo ei chyrraedd roedd y dŵr hyd at ei phengliniau, a godrau ei sgert yn dechrau dawnsio ar wyneb y dŵr.

Edrychodd allan at y dref, at y pier, at y tai yn swatio efo'i gilydd ac yn sbio arnyn nhw yn eu tro. Teimlodd ei fod o a'r hen ddynes wedi camu i mewn i lun. Pob dim yn gyfarwydd ac eto'n anghyfarwydd hefyd.

Dim ond wedyn, wrth iddyn nhw sefyll ar y cerrig llithrig ac edrych i lawr ar ei slipars mawr fel cychod yn gwegian dan y gwlybaniaeth, dim ond wedyn wnaeth o sylweddoli bod hyn wedi digwydd go iawn a bod y cloc yn dal i dician a'i fod yn hwyr i'r caffi.

'Ffycin hel!' meddai, heb sylweddoli ei fod wedi'i ddeud yn uchel.

'Ffycinel,' meddai hithau fel carreg ateb, ac edrych arno, heb arlliw o ddireidi na gwên ar ei hwyneb.

'Wna i fynd â chi adra, Isabella. Adra, ia?'

'Ond fydd Idris adra, dwch?' meddai, wrth iddyn nhw

ddechrau cerdded yn ofalus dros y cerrig slip, ac edrych i fyw ei lygaid, ei thalcen wedi crychu am y tro cyntaf. Roedd ganddi groen da. Ac wrth iddi hi blygu mlaen, gwelodd Noa fod y croen ar ei gwegil yn llyfn a gwyn, fel tasai'r haul na'r blynyddoedd wedi dod o hyd iddo, ei gwallt yn ei guddio, fel dail.

'Fydd Idris 'di dŵad adra?'

'Bydd, dwi'n siŵr,' atebodd Noa, a'r celwydd yn llifo ohono fel afon. 'Bydd, mi fydd o adra, Isabella.'

Setlodd hithau wedyn, a chytuno i gael ei thywys fesul shifflad ar hyd y pafin yn ôl i gyfeiriad y dref. Sylwodd Noa ei bod yn taenu ei bysedd dros gerrig talcenni'r tai wrth iddyn nhw basio, yn teimlo'u garwedd dan ei bysedd, fel rhywun dall.

Roedd y cartref hen bobol ar y ffordd i mewn, a buasen nhw wedi cyrraedd ymhen pum munud petaen nhw wedi mynd yno ar eu hunion. Ond gan fod Isabella yn symud mor araf, ac yn mynnu stopio ar ôl rhyw bum cam i bwyso ar ddrws ffrynt rhywun neu i geisio dal pen rheswm efo deryn neu gath oedd yn rhannu'r lôn efo nhw, roedd hi'n nes at hanner awr arnyn nhw'n cyrraedd.

Welson nhw neb ar eu ffordd. Roedd y dref yn dechrau tynnu ei chyrn i mewn yr adeg yma o'r flwyddyn bob tro, rŵan bod y fisitors yn dechrau prinhau a'r dyddiau'n mynd yn fyrrach. Ond roedd hi'n arbennig o ddistaw bore 'ma, meddyliodd Noa. Tybed oedd hynny rywbeth i'w wneud efo'r cyfarfod 'na neithiwr? Fel tasai pawb yn wardio ac yn cadw o'r ffordd, ynteu fo oedd yn dychmygu'r peth? Doedd o ddim wedi meddwl mynd draw yno, ond roedd pawb yn siarad am y peth yn y caffi yn ystod y dydd a rhywsut roedd o wedi ei ffeindio'i hun yn swatio ac yn gwrando yn un o'r seti yn y cefn. Doedd o erioed wedi teimlo awyrgylch debyg i'r un oedd yno wrth i bawb lifo fel rhuban allan o'r neuadd ar ddiwedd y cyfarfod. Roedd trydar gwallgo'r cyfarfod wedi edwino, a phawb yn cerdded allan heb siarad fawr ddim efo'i gilydd. Ac eto nid y diffyg sŵn yn unig oedd o, chwaith, ond rhyw deimlad o rannu, o berthyn. Roedd pobol na fyddai prin yn edrych arno fel arfer yn dal ei lygaid, yn nodio'u pennau, yn ei gydnabod.

Gwag oedd maes parcio'r cartref hefyd, heblaw am dri char a rhyw fan gymunedol oedd yn dŵad â phobol yno am y diwrnod. Ond doedd 'na neb i'w weld o gwmpas, a phan ganodd Noa'r gloch wrth y drws ffrynt, roedd o fel tasai'n canu'r gloch i'r blodau pinc a gwyn artiffisial oedd yn aros yn amyneddgar ar y bwrdd bach y tu mewn i'r drws.

Ond buan y daeth dynes mewn oferôl at y drws, a'i hwyneb yn boenus y tu ôl i bowdwr trwchus oedd tua dwy siedan yn rhy dywyll. Agorodd y drws a heb gymryd dim sylw o Noa fel tasai o ddim yno, dechreuodd siarad efo Isabella:

'Fan'ma dach chi, Isabella! A phawb 'di bod yn chwilio amdanach chi ymhob man! 'Di bod am *walkies* dach chi? Tydi hi'm yn amser mynd am dro eto, nac'di, cariad? Dim rŵan, nac'di?'

'Yn y môr,' meddai Isabella dan chwerthin ac edrych ar Noa. Roedd ei thraed yn llonydd yn y slipars gwlyb trwm.

'Ffeindio hi'n y dŵr wnest ti?' Edrychodd y ddynes ar Noa am y tro cyntaf, a'i llais yn gyrru ias drwyddo.

'Wel, ia. Wel, mynd yno oedd hi. Dechra cerdded i mewn a —'

'Blydi hel!' chwythodd yr oferôl, a dechrau manŵfro Isabella i lawr y coridor. 'Ma hi'n cael ei thynnu i fan'no bob munud. Dŵr ydi'i phetha hi, ond tria di ei chael hi mewn i'r bàth!'

Safodd Noa yno'n chwithig, ddim yn siŵr a oedd o i fod i'w dilyn ai peidio. Teimlodd ryw siom ryfedd fod Isabella yn mynd oddi wrtho heb edrych yn ôl, heb air.

Y ddynas oferôl stopiodd a throi ato.

'Hogyn Arthur wyt ti, ia?'

Teimlodd Noa ei hun yn crebachu'n ddim o'i blaen.

'Ia.'

'O, o'n i'n ama. Rita dwi. Nabod Arthur ers blynyddoedd. Chwith ar ei ôl o?'

Cwestiwn? Datganiad? Cyhuddiad?

'Diolch.'

Nodiodd y ddynas a'r hen fynegiant cyfarwydd ar ei hwyneb hi. Hogyn rhyfadd. Hogyn Arthur. Byw ar ei nyrfs ac yn denau fel brân.

Daeth Noa yn ymwybodol o ryw hen oglau grefi sefydliad yn llifo i lawr y coridor, grefi yn goch-frown, a'r saim yn gylchoedd fel llygaid ar wyneb yr hylif.

'Cinio'n aros amdana chi rŵan, Isabella. Cinio tatws a grefi neis heddiw.'

Nodiodd y ddynes ar Noa ac yna cychwynnodd y ddwy i lawr i gyfeiriad yr aroglau, Isabella wedi ei tharo'n fud a'i bysedd ymchwilgar yn ddiymadferth wrth iddi gerdded oddi wrtho.

Symudodd Noa yn llyfn drwy strydoedd gwag y dref nes cyrraedd y lawnt fowlio. Roedd dau yno yn chwarae, hen ŵr a hogan oedd yn edrych fel tasai hi yno yn erbyn ei hewyllys. Pan oedd yr hen ddyn yn plygu mlaen i rowlio'r belen, ei fraich mor unsyth â'i edrychiad yn ei dilyn i ddiwedd ei thaith, edrych i ffwrdd yr oedd y ferch, ei llaw ar ei chlun.

Roedd Noa wedi bod mor lwcus i gael gweithio yma yn y caffi bach lliwgar oedd yn edrych allan ar y llain fowlio. Roedd yr holl le yn ei blesio'n arw. Doedd 'na ddim gwastraff; y glaswellt wedi ei dorri'n ofalus bob dydd o'r flwyddyn, y ffens fach bren yn dwt o amgylch y lle.

Edrychodd ar ei wats. Doedd o ddim yn hwyr.

'Ti'n hwyr!' meddai Dafina, ac edrych ar ei wats yn ddramatig.

'Nac'dw. Dwi ar y dot!' atebodd Noa'n swta, a mynd i'r stafell fach flêr yn y cefn oedd yn gweithio fel stafell staff iddyn nhw gael smocio a rhechan a bytheirio'r cwsmeriaid.

'Newydd gael llond bws o betha o Birmingham!' meddai Dafina wedyn, â gwên ddireidus. 'Pob un isio pryd poeth!'

'Mor ddistaw â hynny!' atebodd Noa, dan wenu.

Roedd o wedi hen arfer efo Dafina, ac roedd y ddau ohonyn nhw yn nabod ffyrdd ei gilydd erbyn hyn. Ac roedd o'n ddiolchgar iddi. Fyddai dim byd yn medru gwneud iddi anghofio mai hi oedd yr un roddodd gyfle iddo pan oedd neb arall yn fodlon gwneud.

'Hei, pam ma godra dy drowsus di'n wlyb?'

Edrychodd Noa i lawr ar odrau ei jîns, a'r gwlybaniaeth yn taenu fel staen.

'O, stori hir,' mwmiodd.

Doedd o ddim eisiau siarad efo Dafina am Isabella am ryw reswm. Roedd yn ddigon drwg ei fod wedi gorfod siarad efo'r hen ddynas yna yn yr oferôls, a dioddef ei dirmyg. Doedd o ddim eisiau ailgodi'r hanes eto. Roedd y profiad efo Isabella wedi bod yn un rhyfedd, ond nid yn un annymunol. Doedd o ddim eisiau sarnu teimlad breuddwydiol y digwyddiad drwy roi geiriau yn garchar o'i gwmpas.

'*Specials* heddiw?' gofynnodd Noa er mwyn troi'r stori, wrth wisgo'r brat oedd yn crogi ar fachyn ar gefn y drws.

'Dwn i'm. Fedra i neud *Chilli* ddoe i mewn i *Chilli Bake* os leci di? Be ti'n feddwl?'

'Swnio'n iawn.'

'A dwi 'di gneud teisan lemon efo'r eisin melyn neis 'na eto. Mi a'th honno'n dda wthnos dwetha.'

'Iawn.'

Geiriau'n llawn siwgr a braster. Geiriau oedd ddim yn perthyn iddo fo. Aeth at y llechen oedd yn pwyso yn erbyn wal bren y caban, a chrafu manylion y *Specials* arno, cyn mynd â'r îsl wedyn a'i agor y tu allan i'r caffi. Edrychodd eto ar y llain fowlio. Doedd dim golwg o'r ddau chwaraewr erbyn hyn. Roedd y cymylau uwchben yn dywyllach, a glaw i'w synhwyro ar y gwynt.

Sychodd y briwsion oddi ar y bwrdd lliain gingham: un taeniad yn llnau'r lle'n lân.

Edwin

Cerddodd Edwin yn fân ac yn fuan, gan wasgu coler ei gôt yn erbyn lleithder y bore.

Roedd o wedi cytuno i ddosbarthu rhyw dri o'r posteri yma o gwmpas y dref ar ran Richard E Preis, ac wedi galw draw yn y siop bapurau a'r siop tsips yn barod, ac oglau saim newydd yn llarpio i'w gyfarfod wrth i Wil Jôs y perchennog agor y drws yn arbennig ar ei gyfer.

'I be sy isio poster 'wan 'to! Toedd rhan fwya o'r blydi lle 'ma yn y neuadd neithiwr i glywad, toedd! Ond 'na ni, ty'd â fo. Mi ddenith pobol i mewn am eu tsips, ella, yn lle gorfod llyffanta tu allan. A mentro sgodyn 'fyd, wyddost ti rioed!'

'Ymyl arian ar bob cwmwl, Wil,' oedd yr unig beth a ddywedodd Edwin cyn parhau ar ei daith.

Pysgotwr pobol oedd Wil Jôs, yn eu rhwydo â rhyw abwyd o addewidion un paced tsips am ddim efo bob dau bysgodyn a brynwyd. Roedd yr offer yn y siop tsips yn arian gloyw, a bwrlwm y saim yn ffrio yn cynnau rhywbeth cyntefig iawn yn Edwin. Nid ei fod o erioed wedi deud hyn wrth neb chwaith. Roedd yna ambell beth fyddai'n swnio'n wirion o gael eu llefaru ar goedd fel yna. Doethach oedd cadw ambell beth iddo fo'i hun.

Drwy ryw drugaredd, doedd Edwin ddim yn dechrau'r

gwaith tan ddeg yn y garej oedd hefyd yn iard gychod. Roedd o wedi bod wrthi tan berfeddion yr wythnos gynt yn gorffen trin un o'r cychod crand oedd yn perthyn i un o'r gwenoliaid, fel roedd Ann ei wraig yn arfer eu galw nhw. Ond cerddodd yn fân ac yn fuan yr un fath, gan ei fod wedi anghofio sut beth oedd cerdded fel arall erbyn hyn.

Roedd y llain fowlio'n wag pan gyrhaeddodd o, ond roedd Noa a Dafina wedi bod yn gosod y byrddau, yn barod am gwsmeriaid. Daeth sŵn tagu o berfeddion y caffi, a'r llen liwgar blastig yn cynhyrfu ryw fymryn wrth iddo nesáu.

Tasai Noa wedi bod yno ar ei ben ei hun, mi fasai Edwin wedi bod yn fwy powld ac wedi mentro rhyw dynnu coes ysgafn am y *Mary Celeste* neu fod yna giw hir o bobol yn disgwyl cael eu serfio wrth y cownter. Ond roedd oglau persawr Dafina yn bradychu ei phresenoldeb y tu ôl i'r enfys grynedig, ac felly bodlonodd Edwin ar alw, 'Helô!'

Daeth Dafina allan fel mellten, yn ceisio cuddio'r ffaith ei bod ar hanner cnoi rhyw damed o dost. Roedd y briwsion fel pridd o gwmpas ei gwefusau.

'O, chi sydd 'na, Edwin! Wnes i'm nabod y llais efo'r teciall yn canu fel deryn dros y lle!'

'Wedi dŵad â hwn i chi dwi!' meddai Edwin. 'Y... meddwl 'sach chi'n meindio...'

Pwysodd Edwin ymlaen a thynnu ei fag cefn, gan blygu ac agor ei safn er mwyn tynnu'r poster oedd wedi ei rowlio fel sigâr. Wrth iddo ddadrowlio'r papur allan, gwnaeth y papur y sŵn crensian lleia erioed wrth ildio'r sgwennu oedd yn cuddio yn y rholyn.

Edrychodd Dafina i lawr arno, cyn snwffian a chario mlaen i gnoi cynnwys ei cheg.

'Dramatig braidd, tydi!'

GOFALUS! BEWARE!

MAE RHYWUN YN PROWLA AR Y DREF.
SOMEONE IS PREYING ON THE TOWN.

'Be sy'n ddramatig? Helô, Edwin, dach chi'n iawn?'

Trodd Edwin a gweld y llanc yn wên i gyd, a honno'n goleuo ei wyneb llwydaidd.

'Oeddat ti yno neithiwr, 'fyd, Noa? Weles i gip o bell arnat ti, do?'

Cododd Noa ei sgwyddau, fel tasai ddim yn licio'i fod o wedi cael ei weld. Aeth allan a gosod yr arwydd 'Ar agor' yn soled ar ei draed.

Roedd Dafina, ar y llaw arall, yn cynhesu i'w thema.

'Be ma nhw 'di neud, 'lly? Codi rhyw giât oddi ar ei hechel? Troi potia bloda ben i waered. Rhyw hen betha bach crîpi fel'na, ia? 'Di o'm yn *crime of the century* nac'di, Edwin?'

Dechreuodd Edwin ddadrowlio mwy ar y poster.

'Ond mae o'n deimlad annifyr iawn bod yna rywun wedi dewis Treheli fel lle i gyflawni rhyw hen weithredoedd fel hyn, tydi? Be ma'n pobol ni 'di neud i neb? Ei gnocio fo ar ei ben, dyna sydd isio!'

'Pwy? Cnocio pwy ar ei ben?' gofynnodd Noa, yn ddiniwed.

'Gwranda ar hwn!' meddai Dafina, a dechrau piffian chwerthin nes bod ei chlustlysau'n dawnsio.

Penderfynodd Edwin ei hanwybyddu. Gwthiodd ei sbectol yn uwch i fyny ei drwyn.

'Setlo'r mater. Dyna sydd angan. Fel bod pawb yn medru teimlo'n saff yn eu gwelyau.'

Dangosodd y poster yn ei lawn ogoniant i'r ddau.

UNRHYW WYBODAETH?
CYSYLLTWCH Â'R MAER, RICHARD E PREIS

ANY INFORMATION?
CONTACT THE MAYOR, RICHARD E PREIS

'Trystia hwnna i fod isio chwara'r *leading role*,' meddai Davina, gan sgubo briwsion strae o dost oddi ar ei brat. 'Os oes 'na ddrama, siŵr Dduw fydd hwnna ynghanol y peth, yn trio edrych yn bwysig. Ond gofynna di iddo fo am help efo rhwbath arall...'

Rhannodd Noa ac Edwin edrychiad. Roedd Dafina hithau yn ei phethau yn rhedeg ar unrhyw awdurdod, ac yn melltithio'r cownsil bob tro roeddan nhw'n mentro dod yno i awgrymu bod y bin y tu allan yn rhwystr i fynediad coetsys ar hyd y llwybr ar ymyl y llain fowlio oedd yn eiddo i'r Cyngor Tref, neu'n ymateb i gŵyn bod y miwsig o'r caffi yn rhy uchel.

Doedd Edwin ddim yn medru deall sut roedd Noa yn medru diodde bod yn ei chwmni yn hir, ond roedd 'na rywbeth reit ffeind ynddi hi, mewn rhyw ffordd ffwrdd â hi. Roedd y ddau i weld yn gwneud yn iawn efo'i gilydd, yn yr hafan fach amryliw yma ar gyrion y dref. A beryg nad oedd Noa mewn sefyllfa i fod yn rhy barticiwlar am bwy oedd yn cynnig gwaith iddo fo. Ac roedd Edwin yn ddiolchgar iddi am hynny, beth bynnag.

'Rhown ni o fyny, Edwin. Diolch am ddŵad draw ag o,' meddai Noa, a gwenu. Roedd ei ddannedd o'n felynach na ddylai dannedd hogyn ifanc fel'na fod, meddyliodd Edwin. Y crychau o gwmpas ei lygaid yn fwy lluosog.

Nodiodd Edwin a gwenu. Tasai Ann ac yntau wedi medru bod yn rhieni eu hunain, tybed a fyddai'n teimlo 'run anian i fod yn dad i'r hogyn lliprynnaidd yma, hogyn oedd wedi gweld mwy nag y dylai unrhyw ddyn ifanc o'i oed o ei weld.

'Dyna fo. Diolch. 'Dan ni i gyd isio gneud y lle 'ma'n saffach lle i bawb, tydan?'

'Ella bicia i draw… nes mlaen ella? Am smôc, Edwin?'

'Ia, iawn, washi. Fel leci di,' atebodd Edwin.

Gwenodd Noa, a nodiodd Edwin a dechrau cerdded yn ôl at ganol y dref.

Ceri

Gwyliodd Ceri'r pry cop yn symud ei gorff eiddil mewn dawns araf, ofalus, nes i raffau ysgafn ei we ddechrau ysgwyd yn egnïol. Dawns dyngedfennol oedd hon. Dal ei afael wnaeth y pry, a'i fyd yn chwyrlïo o'i gwmpas, dal ei afael a pheidio â symud. Peidio â dianc. Camgymeriad olaf ei fywyd.

Chymerodd y pry cop ddim yn hir i orffen y job. Tybed oedd 'na sŵn? Sŵn roedd hi'n methu ei glywed? Sŵn oedd ddim ond yn glywadwy i fyd y pryfaid a'r creaduriaid? Iddi hi roedd yr holl ddrama fach angheuol wedi digwydd mewn distawrwydd llwyr. Ac yn fwy ofnadwy oherwydd hynny. Ond oedd 'na sŵn wrth i'r we ddechra crynu, oedd 'na bledio am drugaredd? Sgrech? Oedd 'na ryw riddfan o foddhad wrth i'r pry cop ddechrau gloddesta ar ei sglyfaeth?

Neidiodd o'i chroen pan glywodd rywun yn cnocio ar gwarel ffenest y caban. Rat-a-tat blin, ac roedd wyneb y ddynes oedd yn cnocio yn edrych yn flin hefyd, ei hwd wedi ei dynnu'n dynn am ei hwyneb, fel rhywun wedi trio rhoi torth mewn bag rhy fychan. Gwnaeth ystum gorliwgar at y stribyn gwyn ar ei harddwrn lle roedd wats yn arfer eistedd pan nad oedd ar wyliau, ac yn gallu anghofio am amser. I fod!

Shit, oedd hi'n hwyr? Roedd hi wedi dŵad yma efo munud i sbario, ac wedi cael tipyn o waith agor hen ddrws bach pydredig y ciosg er mwyn dod i mewn. Ac wedyn roedd perfformiad y pry cop wedi ei rhwydo hithau.

Dangosodd Ceri un llaw i fyny i'r dorth wasgedig a meimio 'Five minutes' fel un o'r cyflwynwyr teledu roedd hi'n arfer eu gweld yn nhŷ ei nain ers talwm pan oedd ei mam yn gwaith.

Doedd y pum munud ddim yn plesio'r ddynes y tu allan, ac aeth i ffwrdd i gyfeiriad y pier, gan ysgwyd ei phen, fel tasai Ceri wedi codi dau fys arni ac nid pump. Rhag i adwaith y jadan fynd yn ofer, tynnodd Ceri ddau fys at gefn crymanog y ddynes wrth iddi ymbellhau. Teimlodd yn well yn syth.

Edrychodd i lawr am eiliad ar y pwcedi a'r rhawiau a ddisgwyliai'n amyneddgar am gael sefyll yn wlyb y tu allan i'r caban. Pam oedd Rita'n mynnu ei bod yn gosod y rhain allan ym mhob tywydd a rownd y flwyddyn? Doedd Ceri ddim wedi mentro gofyn iddi hi, wrth gwrs, achos doedd Rita ddim yn un oedd yn hoff o bobol oedd yn cwestiynu ei hawdurdod. A hi oedd brenhines y ciosg, er ei bod prin yn tywyllu'r lle. Wedi deud hynny, roedd hynny'n siwtio Ceri yn iawn hefyd, gan ei bod yn mwynhau bod ar ei phen ei hun yn yr adeilad bach sgwâr, a threfnu pob dim yn ôl ei dymuniad. Er bod Rita yn busnesu digon i fedru sylwi os oedd allanolion y ciosg yn wahanol, prin roedd hi'n ymweld â'r tu mewn, ac felly roedd Ceri yn medru trefnu a symud y silffoedd a'r geriach fel y mynnai.

Unwaith, ryw chwe mis yn ôl, ar ôl i Ceri ddechrau gweithio yno, roedd hi wedi mentro awgrymu y basai stocio rhai nwyddau gwahanol yn syniad da. Roedd pobol yn chwilio o hyd am swfenîr chwaethus i fynd adra efo nhw, ac roedd Ceri wedi sylwi bod geriach oedd â sgwennu Cymraeg arnyn nhw yn boblogaidd iawn yn siopau'r dref pan oedd hi'n cael cyfle i edrych o gwmpas. Doedd y pwcedi dal crancod a'r gwialenni pysgota yn denu dim ond rhyw fath arbennig o gwsmer, yr un rhai ag oedd yn gwario rhyw bunt yma ac acw ar fagnets neu ddolenni goriad efo llun draig neu gastell arnyn nhw. Roeddan nhw'n ddigon del, ac mae'n siŵr mai dyna'r math o swfenîr y basai ei theulu hi wedi ei brynu petaen nhw erioed wedi dŵad ar wyliau. Ond roedd y dref yma'n denu cwsmeriaid efo pres, rhan fwyaf, rhai oedd yn dŵad i fwrw'r Sul i gael halen y môr ar eu gwefusau a theimlo'u bod yn byw fel y locals yn eu welis glân crand a'u jympyrs gwlân drud. Dim ond chydig o nwyddau felly fyddai'n rhaid eu gwerthu er mwyn gwneud cymaint o bres, ac roedd gan Ceri gynlluniau'n barod am sut y basai hi'n cynllunio'r ciosg er mwyn edrych fel ogof drugareddau chwaethus, yn hytrach nag yn focs oer drafftiog oedd yn crynu yn y gwynt ac yn dal pob math o sbwriel.

Ond chafodd ei syniadau fawr o groeso gan Rita. Bron na fasach chi'n taeru nad oedd ganddi hi ddiddordeb mewn gwneud i'r busnes ffynnu.

Gafaelodd Ceri yn y pwcedi a'r rhawiau oedd wedi eu gosod yn daclus yn y teclyn plastig oedd yn eu dal, troi handlen rydlyd y drws a chamu allan i'r gwynt. Er bod y ciosg bach ei hun yn cynnig rhywfaint o loches rhag y gwynt a redai'n ddidrugaredd o'r pier, roedd ei frath i'w glywed hyd yn oed yn y cysgod, a'r gwynt yn aml yn sleifio o gwmpas yr adeilad i wneud hwyl am ben ei harddangosfa. Clymodd Ceri'r taclau i gyd efo'r wialen fach blastig yr oedd wedi'i ffeindio ar y stryd ychydig fisoedd yn ôl, a'u clymu'n ofalus i'r teclyn plastig.

Roedd hi'n gweithio mor ddyfal, a'i phen i lawr, fel na welodd y dyn yn sefyll o'i blaen.

'Isio help?'

Trodd ar ei sawdl i wynebu perchennog y llais.

Y boi Edwin Parry yna oedd o, a'i gap llongwr glas yn soled

ar ei ben. Sylwodd Ceri ar fymryn o sbrencs o baent gwyn yn ysgafn ar y cap, fel cymylau mewn awyr las.

Roedd hi'n hoffi cymylau. Yn hoffi edrych arnyn nhw'n rasio yn erbyn ei gilydd ar ddiwrnod gwyntog fel heddiw, yn troi lliw yn wyn ac yn llwyd ac yn dywyll bob yn ail, yn newid tymer ac yn troi a throsi.

'Iawn, diolch i chi. Fydda i'm dau funud. Rhedag braidd yn hwyr heddiw, ylwch.'

'Pwy welith fai arnach chi? To'dd hi'n anodd codi, a'r gwely mor gynnas?'

'Oedd.'

Meddyliodd Ceri am y soffa frown ac oglau cwrw arni, a'r ffaith ei bod hi wedi ei ffeindio ei hun yn gorwedd ar y llawr ar ôl i Mart roi hergwd reit ffyrnig iddi wrth droi yn ei gwsg.

'A does 'na fawr o neb o gwmpas beth bynnag, nag oes? A'r tymor fisitors yn dechra tynnu ato.'

Roedd hi'n hoff o'r ffordd roedd o'n siarad. Yn defnyddio geiriau doedd 'na neb arall yn eu defnyddio erbyn hyn. Geiriau cynnes Cymraeg saff oedd rywsut yn rhoi ffrâm saff neis o gwmpas pethau. Mewn byd o eiriau oedd fel weiren bigog.

O bell, roedd hi'n gallu gweld yr hen jadan flin yn dechrau gwneud ei ffordd yn ôl i gyfeiriad y ciosg, a rhyw blentyn bach mewn hwd fatha hitha wrth ei hochr, yn sgathru ei sodlau yn erbyn pren y pier wrth gerdded.

'Fatha gwenynod 'dyn nhw.'

'Be rŵan?'

'Fisitors adag yma. Yn flin 'tha gwenynod diwadd ha'. Fedrwch chi'm trystio nhw i beidio pigo!'

Gwenodd Edwin arni, a'i wên lydan yn dangos dannedd unionsyth del, â mymryn o staen baco arnyn nhw.

'Da 'ŵan. Licio hwnna.'

'Well mi fynd, chi. Ma'n nhw ar eu ffordd yn ôl.'

'Y gwenynod?' gofynnodd Edwin, a dal i wenu.

'Ia,' meddai hithau, a gwenu'n ôl.

'Ylwch, fedrwch chi roi hwn… yn ffenast, 'lly? Mynd rownd pob man dwi.'

Estynnodd Edwin rolyn o bapur fatha sigarét anferth iddi hi.

'Jyst deud wrth bobol… i fod yn ofalus. Rhywun yn styrbio, prowlan.'

'O, iawn ocê. Wna i hynny, dim probs.'

'Are ya ready now for some business, then? Our Liam's been looking forward to some crabbing all week, haven't ya, Liam?'

Trodd Ceri i ddiolch i Edwin, ond roedd o wedi mynd yn barod. Dyn neis oedd o. Annwyl. Fatha dyn 'sa rhywun yn licio ei gael yn daid.

Gwenodd Ceri ar y ddau hwd o'i blaen, gwên oedd yn trio peidio â deud y basai hi'n fodlon helpu i roi Liam mewn pwced a'i ostwng yn araf o ben draw'r pier i lawr i'r dyfroedd i fod yn fwyd i grancod.

Noa

ROEDD O WEDI bod yn meddwl amdani hi drwy'r dydd yn y caffi. Gyda gwres pob mŵg o de, gyda phob plât a gliriai o fyrddau, a'r perchnogion wedi hen fynd yn amlach na pheidio. Gweddillion. Diwedd rhywbeth. Ac am Isabella roedd o'n meddwl. Isabella a'i briwsion o fywyd.

Erbyn tua thri o'r gloch roedd hi wedi dechrau stido bwrw eto, a'r glaw yn syrthio fel llen fetel arian o'u cwmpas. Wedi'r sgrialu cychwynnol i ddod â'r cadeiriau plastig i mewn o'r glaw, a chario'r bordyn mawr oedd y tu allan i glydwch y stafell gefn fach, daeth rhyw heddwch dros Noa a Dafina. Safodd y ddau yn edrych ar y llain fowlio wag, a'r canopi yn gollwng dafnau mawr tew o law ar y lliain bwrdd weip-clîn. Roedd Dafina wedi gwneud panad bob un iddyn nhw, ac roedd Noa yn meddwl mai adegau fel hyn oedd y rhai gorau. Pan oedd Dafina ac yntau yno efo rôl i'w chwarae, ond bod dim i'w wneud. Pob llinell wedi diflannu efo'r glaw, pob gair wedi ei ddeud. Ond eto, eu bod nhw i fod yma.

Siom felly deimlodd o pan ddywedodd Dafina,

'Waeth i ni gau siop, ddim. Dydi'r gwylanod hyd yn oed ddim yn mentro allan yn hwn!'

'Dwi'm yn meindio aros!' meddai Noa. 'Dal i fod yn agored rhag i rywun ddŵad, ar dagu isio panad.'

Lloches. Cynnig lloches, meddai yn ei ben, ond feiddiodd o

ddim deud hynny'n uchel, a denu edrychiad rhyfedd di-ddallt gan Dafina.

'Sa'm point, sti, boi. Os ydi rhywun ddigon gwirion i ddŵad yr holl ffordd i fan'ma yn y tywydd 'ma, maen nhw'n haeddu be ma nhw'n ga'l.'

'Ti'n siŵr?' meddai Noa, yn gweld y cagŵls socian a'r cegau cam o'i flaen. 'Sgin i'm lot o'm byd arall...'

'Ac eniwe, be sa'r crîp 'na sy'n hambygio dre'n dŵad o gwmpas, a chditha dy hun yn fan'ma!' ychwanegodd Dafina. 'Does wbod be wneith o! I'r caffi, dwi'n feddwl, sti!' ategodd. 'Dwi'm yn poeni amdana chdi!'

Gwenodd Noa arni.

'Swn i'n rêl arwr, baswn!' meddai Noa, a chodi ei freichiau main mewn ystum o wrhydri.

'Noa, paid!' meddai Dafina'n garedig.

'Ond sut ti'n gwbod ma dyn ydi o, eniwe! Ella ma rhyw ddynas annifyr sy'n dŵad o gwmpas, yn gneud dryga.'

'Fatha gwrachod Llanddona!' meddai Dafina, a'i llygaid yn sgleinio. 'Cofio clywad am rheiny'n ysgol bach. Gneud pob math o gastia ar bobol leol, ac yn fychan ac yn hyll fel pechod!'

'Oedd y rheiny'n rhai go iawn, ti'n meddwl?'

'Oeddan, tad! Pobol go iawn oeddan nhw! 'Di dŵad ar ryw gwch bach ryw dro o bell i ffwrdd. Chawson nhw rioed groeso yma, chwaith. Er dwi'n siŵr bod 'na blant i rai ohonyn nhw'n cerddad y strydoedd yma dan ein trwyna ni, a ninna'n gwbod dim! Mae 'na ddigon o betha digon hyll rownd lle 'ma weithia!'

'Bechod!' meddai Noa, ond chwerthin wnaeth y ddau.

'Ella ma un o'r rheiny sydd wrthi rŵan! Yn talu'n ôl!' mentrodd Noa, a rhyw sglein ddireidus yn ei lais.

Edrychodd Dafina arno am eiliad, a'i llygaid yn archwilio ei lygaid yntau.

'Waeth i ni gau ddim, Noa. 'Di'm ffit. Gei di dy dâl tan ddiwedd y dydd gin i, os ma hynny sy'n dy boeni di.'

Nid hynny oedd yn ei boeni, ond nodiodd mewn diolch.

'Ga i gyfla i biciad i Spar cyn mynd i nôl y mwncwns o'r ysgol. Sosej a tsips heno,' mwmiodd wrthi ei hun, heb ddisgwyl ymateb gan Noa.

Roedd y caffi wedi cau ymhen deng munud, a Dafina a Noa wedi ffarwelio ar gornel y stryd, y ffarwelio ffwr-bwt hynny sy'n digwydd rhwng dau ffrind mewn glaw.

Doedd gan Noa ddim mynadd mynd adra a chau'r drws ar y byd am y diwrnod, a'r cwpwrdd bwyd yn ei demtio. Bu'n ddiwrnod rhyfedd hyd yma. Anarferol. Cyffrous. Roedd o eisiau osgoi wynebu cyffredinedd y diwrnod cyn hired ag y medrai.

Aeth y ffordd hir yno. Mynd ar hyd y llwybr llydan oedd yn arwain hyd ymyl y dŵr. Pasio'r ciosg ar waelod y pier fel rhyw fath o Checkpoint Charlie, yn sefyll rhwng byd y dref a byd y pier a oedd yn estyn allan i gyffwrdd y dŵr oriog. Cododd ei law ar Ceri oedd yn gweithio yno, ond welodd hi mohono tro yma, efo'i thalcen yn pwyso yn erbyn gwydr y ffenest, yn edrych i lawr ar y pafin gwlyb o'i blaen.

Bu'n rhaid iddo sefyll am rai munudau y tu allan i ddrws y cartref hen bobol, a syllu ar y drws gwydr oedd wedi stemio. A lwc pur oedd ei fod wedi denu sylw aelod o staff wrth i hwnnw basio, yn cario pwced a mop.

Chwestiynodd y dyn mewn oed mo Noa wrth iddo ddeud ei fod yma i ymweld ag Isabella. Pwyntiodd at y llyfr ymwelwyr ar fwrdd bach yn y cyntedd ac yna bwyntio at stafell ym mhen draw'r coridor ar y dde. Sgrifennodd Noa ei enw yn daclus yn y llyfr. Deuai oglau bwyd o rywle i ymosod arno, ac roedd sŵn miwsig yn dŵad o bell, er ei bod bron yn amhosib deud o ble, fel tasai'r sŵn yn llithro allan o'r waliau eu hunain. Er ei bod hi'n amser ymweld, yn ôl yr arwydd, doedd 'na ddim llawer o bobol o gwmpas, ac eithrio'r hen bobol yn eu cadeiriau, a'r staff mewn oferôls lliwgar fel petaen nhw i fod mewn meithrinfa.

Roedd ei chefn tuag ato pan gerddodd i mewn, a fasa fo byth wedi nabod ei chorun pinc a phiws-lwyd ei gwallt yn gocyn ar ei phen, heblaw am y ffaith fod un o'r gofalwyr wedi mynd ati.

'Isabella, dach chi am fyta un tamad bach o'ch sgon i mi, cariad? A jam coch neis. Dach chi'n licio jam coch, tydach? Dowch rŵan, un tamad bach, ia?'

'Dach chi isio i mi drio?'

Synnodd Noa ei hun efo'i eiriau. Edrychodd yr ofalwraig i fyny arno, â golwg ryfedd ar ei hwyneb.

'Dwi'm yn perthyn na dim. Fi wnaeth... bora 'ma, pan a'th hi i'r môr... wedi dŵad i weld sut o'dd hi.'

'O, chdi o'dd o! Ddudodd Rita bod 'na rywun 'di dŵad â hi'n ôl! Ma'r lle 'ma 'tha Fort Knox i fod, ond ma Madam 'di dallt bod 'na fynd a dŵad efo *deliveries* a ballu weithia. Ac mi welodd ei chyfla, do?'

'Ma hi'n iawn, 'lly. Mond isio gwbod,' meddai Noa, a difaru ei fod wedi dod yma. Dim ond eisiau ei gweld hi oedd o. I'w atgoffa ei hun nad breuddwyd oedd hi. 'Mi a' i, 'ta.'

'Duwcs, wa'th i chdi aros ddim, wrth bo chdi 'di dŵad yma holl ffordd yn y glaw! Wneith hi mo dy nabod di, cofia, ond tydi hi'm yn nabod neb ohonan ni o un funud i llall, graduras. Gymri di banad? Nerys dwi, gyda llaw!'

Derbyniodd Noa, er nad oedd ganddo fymryn o awydd panad, ac aeth i eistedd yn swil ddigon at y sedd wag drws nesa i

Isabella. Gallai deimlo cywreinrwydd byrhoedlog y preswylwyr eraill arno, cyn iddynt droi eu golygon yn ôl at y teledu aflafar oedd yn y gornel.

Wrth iddo eistedd, trodd Isabella ei hwyneb tuag ato, ei llygaid yn niwlog fel llygaid hen gi. Ac yna fe wenodd, a goleuodd ei llygaid.

'Mi ddoist ti! Mi ddoist ti felly, 'ngwash i! Mi ddoist ti! O'n i'n gwbod 'sa chdi'n dŵad! Gwbod! Gwbod!'

'Isabella,' meddai Noa, ond roedd arno ofn deud yr enw, ofn i hynny rywsut wneud i'r golau yna gael ei lyncu eto gan y niwl. Roedd o'n falch nad oedd hi wedi ei glywed.

Gafaelodd ei ddwy law yn ei dwy law hithau a'u hysgwyd yn ysgafn. Edrychodd Noa i lawr ar ei dwylo, ar y cymalau cnotiog a'r gwythiennau fel cynrhon glas yn gaeth o dan y croen tenau.

Yna gwyrodd ei phen a theimlodd Noa ei gwefusau sych yn crafu sws ar ei law yntau. Eto ac eto ac eto. Cusan ar ôl cusan, fel tasai arni ofn iddo fo fynd.

Edrychodd Noa yn nerfus o gwmpas y stafell, ond doedd neb yn cymryd sylw.

'Gymrwch chi sgon? Tamad o sgon? A jam... coch neis? Gymrwch chi?'

Cododd Isabella ei phen. Roedd ei llygaid yn wlyb. Gwenodd ei gwên ddiolchgar arno eto.

'Jam!' meddai Isabella, ei thafod yn ludiog am y gair. Yna agorodd ei cheg yn araf bach, fel cyw deryn.

Ac yntau'n canolbwyntio gymaint ar goreograffi'r bwydo, gan ofalu nad oedd 'na lwmpyn gludiog o jam yn syrthio ar ei chardigan las, welodd Noa mo Nerys yr ofalwraig yn edrych arno tan iddi siarad.

'Bechod. Ti'n un da.'

'Dach chi'n meddwl?'

Atebodd Nerys mohono, dim ond dal i wenu.

'Ma hi'n meddwl bod hi'n fy nabod i,' meddai Noa.

'Fel'na ma nhw.'

Roedd yna ddistawrwydd am eiliad, yna meddai Nerys, 'Dawnswraig oedd hi, medda rhywun.'

'Ia?'

'Bale. Ro'dd hi ffwrdd am flynyddoedd yn dawnsio.'

'Ei gŵr hi? Ydi o dal yn…'

'Ew, nac'di. Gollodd hi o'n reit ifanc, meddan nhw.'

'Mae hi'n sôn am ryw Idris.'

'Ei mab hi o'dd Idris. Cradur. Boddi. Damwain pan o'dd o'n ddyn ifanc.'

Chafodd hi ddim cyfle i orffen y frawddeg. Tarfwyd ar yr olygfa gan gwmwl o bersawr siwgwrllyd o amgylch dynes oedd wrthi'n cau belt côt goch, lachar. Roedd ei llais miniog mewn cyferbyniad llwyr â'i harogl.

'Be sy'n digwydd yn fan'ma, Nerys?'

Neidiodd y nyrs fel tasai wedi cael ei brathu gan wenyn.

'Yr… yr hogyn wnaeth ddŵad ag Isabella'n ôl 'di o, Rita, a —'

'Dwi'n gwbod yn iawn pwy ydi o! Hogyn Arthur druan. Be mae o'n neud yn fan'ma 'di'r peth?'

'Dŵad i edrych amdani. Gweld ei bod hi'n iawn,' dechreuodd Noa. Roedd ei lais yn swnio'n denau, yn wan, yn ddi-asgwrn-cefn. Doedd o'n ddim cystadleuaeth i hon.

'Wel, ti'n gweld ei bod hi'n iawn, felly sdim rhaid i chdi aros mwy, nago's!' brathodd Rita.

'Ma hi 'di bod yn bwyta dipyn iddo fo, Rita,' cynigiodd Nerys.

'Do, dau damad o sgon. Trio helpu.'

'Dim dy le di ydi helpu neb, naci! Hyd yn oed 'sach chdi'n medru! Dw't ti prin yn medru bwydo dy hun, o d'olwg di! Rŵan, wnei di fynd, plis?'

Roedd Noa yn gyfarwydd efo'r teimlad o embaras, o bobol yn edrych arno drwy gil eu llygaid, yn cadw'u pellter. Ond roedd rhywbeth arall hefyd yn dod o du'r ddynes yma. Ffieidd-dra. Dyna oedd o. Ac roedd o wedi dechrau anghofio sut beth oedd cael rhywun yn teimlo hynny tuag ato.

Aeth pawb yn ddistaw am eiliadau hir, hir. A'r aer yn drwm gan y geiriau oedd wedi gwthio i mewn i'r lle yn bowld, yn drewi o bersawr blodau rhad.

Doedd hi ddim yn amlwg yn syth o ble y daeth y sŵn undonog. Dechreuodd fel ochenaid, ac yna magodd adenydd ac esgyn fry at y nenfwd cyn plymio i lawr a chodi drachefn wrth iddo daro yn erbyn y waliau papur wal. Trawodd rhai o'r preswylwyr eu dwylo dros eu clustiau a gwingo.

Nerys neidiodd i'r adwy, a gafael o gwmpas ysgwyddau bach Isabella.

'Dowch rŵan, dowch. Sssh, rŵan. Ma pob dim yn iawn... Ssshhh 'wan.'

Trodd Rita ei sylw ar Noa.

'Sbia'r helynt ti 'di neud! Dwi isio chdi fynd! Rŵan! Ne mi fydd rhaid i mi alw'r heddlu!'

Safodd Noa, a'i wyneb yn wyn, a'r gair 'heddlu' yn drybowndian fel rheg.

'Trio helpu,' datganodd, mewn llais distaw ond yn fwy cyhyrog a sicr. 'Trio helpu.'

''Dan ni'm isio dy fath di o help yn fan'ma. Rŵan, dos!'

Edrychodd o ddim yn ôl wrth gerdded allan o'r stafell ac yn syth am y drws ffrynt, a gwaedd Isabella yn ei ddilyn i lawr y coridor fel mwg.

Richard

PWYSODD Y MAER yn ôl yn ei gadair ledr wichlyd, ac edrych ar y domen papurau oedd o'i flaen. Roedd sgrin y cyfrifiadur yn loyw ar y ddesg fawr dderw, a'r llun cefndir yr oedd y boi bach TG wedi ei sicrhau ar ei gyfer yn giaidd bryfoclyd, efo'i goed palmwydd a'i haul cyfandirol.

Hardded lle ag oedd o, doedd Treheli ddim yn medru cystadlu efo rhyw le fel'na, hyd yn oed yng nghanol berw tanbaid yr haf. Roedd 'na broblemau yn fan'ma 'run fath yn union, a doedd bod yn faer ar dref fach fel hyn ddim yr hyn yr oedd Richard wedi gobeithio y byddai, tasai'n onest efo fo'i hun. Ond yna ysgydwodd ei ben. Thalai hi ddim bod yn rhy onest yn yr hen fyd yma, meddyliodd. Roedd o'n dechrau dysgu hynny.

Edrychodd yn iawn ar sgrin y cyfrifiadur. Roedd Rita wedi bod yn ei ben eto, yn swnian, yn deud ei bod hi eisiau i'r ddau ohonyn nhw ddianc am ryw ychydig o ddiwrnodau, i hafan fach efo strydoedd coblog a thai bach cerrig melyn, rhyw hafan lle doedd neb yn eu nabod. Lle doedd neb yn gwybod mai maer oedd o, yn cael rhyw hen affêr efo dynas ganol oed oedd newydd ddarganfod beth oedd rhyw da.

Roedd o wedi medru rhag-weld y sefyllfa efo hi, wrth iddi bentyrru geiriau, fel peli lliwgar ar ben Victoria Sponge. Roedd o wedi medru teimlo gwres ei chnawd meddal, yn medru dychmygu ei hochneidiau o bleser yn chwyddo yn y stafell fach yn y B&B. Ond unwaith roedd o'n camu'n ôl o'r teimlad hwnnw a meddwl am orfod wynebu Sioned a dechrau ffurfio geiriau oedd yn mynd i egluro ei absenoldeb am benwythnos cyfan, yna roedd hi'n mynd yn niwl arno. Rhaid mesur pob gair yn ofalus. Roedd gan Sioned feddwl fel twrnai, hyd yn oed os oedd ei chorff wedi mynd yn beth digon gwael. Ac eto, roedd Rita hefyd yn dal ymlaen, yn dwrnai ar yr ochr arall, yn cyflwyno'r ddadl arall, yn chwarae ar ei deimladau ac yn defnyddio eu penodau carwriaethol tanbaid fel tystiolaeth.

A rŵan, roedd y miri yma efo'r person diwyneb, di-asgwrn-cefn oedd yn prowlan, yn gyrru ias drwy'r dref. Roedd hi'n amlwg o'r cyfarfod cyhoeddus y noson o'r blaen fod y syniad wedi creu cryn gynnwrf. Nid ei syniad o'n wreiddiol oedd cynnal y fath ddigwyddiad, ac yntau'n cymryd yr elfen gyhoeddus yn gymaint o boen. Ond rhaid deud bod Rita wedi bod yn llygad ei lle efo hyn, er ei fod o wedi meddwl mai gorymateb fyddai cynnal y fath gyfarfod. Doedd o ddim wedi disgwyl cystal ymateb, nac i gymaint o bobol ddod i leisio eu pryderon. Ac roedd yn deimlad braf iddo gael codi llaw a thawelu'r dorf fel'na, i deimlo fel rhyw fath o Feseia (heb gableddu, wrth reswm) yn eu canol nhw.

Doedd dim yr un fath â bygythiad i dynnu pobol at ei gilydd, i glosio. Er ei fod o wedi cael ei eni a'i fagu yn Nhreheli, wnaeth o erioed feddwl am y lle fel rhyw le ynysig, er ei bod yn cymryd cryn hanner awr i gyrraedd yno efo car o'r dref agosaf. Flynyddoedd yn ôl, deuai'r byd at Dreheli mewn cychod i fasnachu. Ond ychydig iawn o'r rheiny fyddai'n bwrw angor ac yn aros yno i fyw. Erbyn hyn, roedd y byd yn perthyn i bawb a doedd Treheli ddim yn eithriad. Ac yn fan'no oedd y broblem, ella. Doedd trigolion Treheli erioed wedi llwyr golli'r ddrwgdybiaeth oedd ganddyn nhw o'r byd y tu allan i'w chaerau.

Ella wir fod Rita yn iawn hefyd mai lles iddo fo fel maer fyddai'r holl fusnes yn y pen draw. Gwaith yr heddlu oedd dal y snichyn, wrth reswm, pryd bynnag byddai hynny. Ond ei waith o fyddai ennill ymddiriedaeth y bobol. Eu harwain yn eu trallod. A phwy a ŵyr i ba uchelfannau y byddai hynny'n mynd â Richard ei hun yn ei yrfa? Teimlodd galedwch yn blodeuo yn ei drowsus a safodd mewn embaras ar y datblygiad annisgwyl. Fyddai fiw iddo adael pawb i lawr a'i heglu hi am benwythnos i ffwrdd dan y fath amgylchiadau, na fyddai? Ac fe fyddai Rita'n siŵr o ddallt hynny.

Edrychodd ar y cloc mawr hen ffasiwn oedd wedi edrych i lawr ar resi o feiri tsiaenog am ganrif neu fwy. Roedd hi'n hanner awr tan oedd hi'n weddus iddo gymryd ei amser cinio. Estynnodd am ei ffôn a deialu rhif Rita.

Ceri

Roedd y cymylau duon wedi mynd, a'r haul hydrefol yn gwenu'n ffeind ar y byd, yn lliniaru rhywfaint ar ias yr awel. Roedd Ceri'n eistedd y tu mewn i'r caban ar ei chadair fach bren, a phlanced amryliw dros ei choesau fel hen wraig. Sylwodd Ceri fod yr haul yn amlygu budredd ffenestri'r caban, a rhyw afonydd gwynion yn stremp ar eu traws, o'r ewyn a chwythai'n swigod o'r môr. Doedd fframiau'r ffenestri ddim yn bethau gwerth eu cael chwaith, gan fod y gwynt hallt wedi bwyta i mewn i'r pren a'i bydru. Roedd angen ffenestri newydd sbon, doedd dim dadl am hynny. Ond doedd fiw iddi ddeud ei chŵyn wrth Rita, a hithau'n medru troi fel cwpan mewn dŵr. Ac allai Ceri ddim fforddio ei phechu a cholli'i gwaith.

Yna gwenodd. Ond siawns mai ennill pwyntiau fyddai hi o llnau'r ffenestri nes oeddan nhw'n sgleinio! Piciodd i'r caffi bach dros y ffordd a chloi'r caban yn ofalus, er nad oedd 'na'r un enaid byw o gwmpas y lle erbyn hyn, er gwaetha'r haul. Pawb wedi ei heglu hi am draethau tywod meddal, mae'n siŵr, i drio dal glain olaf hydref cyn cau am y gaeaf. Roedd Jimi yn hen foi clên, oedd wedi cadw'r caffi ers i'w nain gofio, ac wedi darfod mynd yn hen bellach. Ymhen dim, roedd Ceri yn ôl yn y caban efo bwced llawn dŵr sebonllyd a digon o gadachau ar gyfer golchi a sychu wedyn. Gosododd y cadachau yn rhesi ar y wal isel gerllaw, fel eu bod yn cadw'n lân o fudreddi'r palmant. Safodd ac edrych arnyn nhw, a gwenu.

Plymiodd ei dwylo yn y dŵr cynnes a dechrau creu ei chymylau o sebon ar y gwydr. Symudodd o chwarel i chwarel, nes bod un ochr i'r caban wedi'i gorchuddio yn y trochion. Aeth at y wal i nôl y cadach sych wedyn, a'i daenu'n ofalus i fyny ac i lawr ac ar draws pob ffenest fach, gan wneud yn siŵr bod pob cornel yn cael yr un sylw.

Pan glywodd y llais y tu ôl iddi, neidiodd o'i chroen.

'Sgrybar!'

Ac yna ymhen eiliad, roedd dwylo cryf wedi ei hamgylchynu o'r tu ôl, a dwylo mawr yn crwydro i fyny ac i lawr ei chorff.

'Mart! Rho blydi gora iddi! Yn ganol pawb!'

'Ganol pwy, d'wad? Yr *invisible man*? 'Ta ydi'r blydi crîp 'na'n sbeio arna chdi o ben un o'r ffenestri yma, yndi?' Trodd Mart i wynebu'r tai oedd yn edrych dros y môr, ac agor ei freichiau allan i'w cyfarch, fel tasai ar lwyfan. 'Ty'd laen, 'ta, os ti isio *look* iawn! Os ti isio *go* arni!'

'Hei, callia, 'nei di? Ti isio i mi ga'l blydi sac 'ta be!' Ond gwenu roedd Ceri, er ei gwaetha, a chario mlaen i llnau ambell strempan yr oedd hi wedi ei fethu.

Chwarddodd Mart hefyd a'i sodro ei hun ar y wal fach gerllaw i edrych arni.

''Di tecall yn boeth?'

'Dwi'm yn ca'l. Ti'n gwbod fel ma hi.'

'Ffycin Queen Bee! 'Sach chdi'n meddwl na palas 'di hwn, ddim blydi cwt yn gwerthu rybish!'

'Paid, ma'n lle bach ciwt! A 'di o'm yn rybish!'

Cododd Mart ei aeliau, a chwarddodd y ddau.

'Wel, dim yn rybish i gyd, 'ta!'

Rhoddodd Ceri ei chadach i orwedd ar draws y bwced ac aeth i eistedd at Mart ar y wal.

Ymhen ychydig, meddai, 'Ti'n meddwl bod hi'n rhy fuan i ga'l tinsel?'

'E?'

'Dwi 'di ffeindio bocs bach Dolig dan y cownter ers llynadd. Meddwl 'swn i'n trimio dipyn. Be ti'n feddwl?'

Atebodd Mart mohoni, dim ond estyn ei ffôn allan o'i boced a thaenu ei fys yn sydyn dros y sgrin fach. Darllenodd y neges arni, ac yna neidiodd oddi ar y wal, fel tasai'i din ar dân.

'Iawn, rhaid mi fynd. *People to see*, gorj, does?'

Cymylodd llygaid Ceri, a theimlo ryw hen wacter yng ngwaelod ei bol. Pan aeth Mart ati a gafael amdani, trodd ei phen y ffordd arall i ddechrau, cyn edrych arno'n ddifrifol.

'Ti 'di gofyn i Gaf eto? Os gawn ni aros ryw ddwy noson arall...'

'Naddo, ond fydd o'm probs, na fydd, Cer? Dwi 'di deud 'thach chdi. Ma Gaf yn iawn. Ma'r soffa i ni tra 'dan ni isio fo.'

'Ia, ond dyna ddudest ti am y Jeff 'na. A sbia be...'

Roedd yn symudiad chwim. Gafaelodd yn ei gên a'i throi nes bod ei hwyneb yn ei wynebu, yn fochdew oedd bron yn gomig, heblaw am yr ofn yn ei llygaid. Daliodd yntau i wasgu, ei geg o'i hun yn grechwen dynn. Poerodd y geiriau.

'Paid â nagio fi! Ti'n gwbod bo fi'm yn licio fo!'

Atebodd Ceri mohono, dim ond dal i syllu, ei cheg yn sownd yn feis ei fysedd.

'Sori?' gofynnodd iddi, a gwnaeth hithau sŵn oedd yn trio'i orau i swnio fel 'sori' cymodlon.

Gollyngodd ei afael dynn am ei gên fel tasai'n eirias.

'Wela i chdi wedyn, bêb. A byhafia, iawn?'

Edrychodd Ceri arno'n cerdded i ffwrdd am ychydig eiliadau,

yn cicio cerrig mân y palmant, gan achosi i wylan eofn hercian i ffwrdd, ei hadenydd ar led.

Trodd yn ôl at ei ffenest, symud y bwced i ochr arall y caban, a dechrau creu dagrau sebon ar y gwydr.

Edwin

CYRHAEDDODD EDWIN Y garej ychydig bach yn hwyrach nag y dylai, ond doedd neb yn poeni rhyw lawer am y cloc yno, dim ond bod y gwaith yn cael ei wneud. Hanner diwrnod oedd ganddo i weithio heddiw, beth bynnag, gan ei fod o ar waith y cyngor tref efo'r posteri bora 'ma. Roedd John, perchennog y garej, â'i glust yn sownd yn ei ffôn symudol yn yr offis yn ôl ei arfer, a phrin wnaeth o gydnabod na sylwi pryd daeth Edwin i mewn a tharo ei oferôl amdano a dechrau arni.

Dim ond traed Sam y prentis roedd o'n medru eu gweld, o dan ryw Fiesta bach rhydlyd, ac roedd y miwsig byddarol oedd ganddo'n gwmni yn gwneud yn siŵr na chlywai hwnnw neb yn dŵad i mewn i'r garej. Roedd y trefniant yn siwtio Edwin yn iawn.

Fe fyddai'n rhaid iddo yntau roi tân dani hefyd gan fod 'na ryw ddyn efo acen taten boeth yn disgwyl cael ei Range Rover yn barod erbyn diwedd y dydd, felly doedd dim amser i laesu dwylo'n ormodol. Gan nad oedd 'na le i horwth mawr fel hwnnw yn y garej fach, roedd Edwin yn gweithio ar y car allan ar yr iard gychod – sefyllfa arall oedd yn gweddu i'r dim iddo.

O'r iard a'r garej ar gyrion y dref, gallai Edwin weld y tai tal, braf oedd yn wynebu'r môr. Gallai weld y promenâd bach tila, a'r planhigion yn ffrwydriad crynedig o liw yn y potiau, yn dal her yn erbyn dyfodiad digyfaddawd y gaeaf. Gallai weld y pier bach hefyd, yn estyn ei fraich yn ddioglyd i'r môr. A'r caban. Roedd o'n gweld y caban yn glir. A gallai weld Ceri y tu allan yn llnau ffenestri, yn estyn ac yn creu cylchoedd efo'i chadach ar y gwydr. Roedd y feim yn un gyfareddol. Roedd Rita wedi bod yn lwcus i gael rhywun fel Ceri, rhywun oedd yn cymryd balchder yn ei gwaith ac yn medru meddwl drosti hi ei hun a gweld pan oedd pethau angen eu gwneud. Tybed oedd hi'n ei gwerthfawrogi?

Taflodd Edwin olwg euog ar y swyddfa. Safai John yn edrych allan ar yr iard, a'r ffôn yn dal wrth ei glust. Cododd Edwin ei ben mewn cyfarchiad, ond trodd John ei gefn ar y ffenest heb ei weld, a chael ei lyncu yn ôl i mewn i'r stafell.

Rhoddodd Edwin ei sylw yn ôl i'r 4 x 4, ond wrth edrych draw eto am y caban, sylwodd fod gan Ceri gwmni. Roedd y boi 'na wedi ymddangos o rywle, ac roedd y ddau yn rhyw stwna a gafael rownd ei gilydd. Mynd i eistedd ar y wal a'i gwylio'n gweithio wnâi'r cena rhan fwya, heb gynnig helpu dim arni. Nid fod ganddo ddim byd arall i'w wneud. Toedd Edwin wedi ei weld yn llyffanta o gwmpas y dref, ar gorneli strydoedd, yn y parc, ar unrhyw fainc fasai'r diawl diog yn medru sodro'i din arni! Doedd o ddim yn nabod ei deulu na dim, a doedd o ddim yn licio gofyn i John oedd o'n gwybod rhywbeth amdano. Tasai tua'r un oed â Sam neu rai o'r bois eraill oedd yn gweithio yn y garej, meddyliodd Edwin, mi fasai ganddo ryw glem am ei hyd a'i led o. Ond roedd hwn yn rhy ifanc i ddŵad i sylw Edwin. A doedd wybod o ble roedd o wedi landio, beth bynnag. Hynny ydi, tan i Edwin ddechrau'i weld o efo Ceri.

Gwelodd y ddau yn cofleidio eto cyn ffarwelio, a holl ystum Ceri yn ddigalon, ei phen i lawr, nid fel basai rhywun wrth ffarwelio â'i chariad, rhesymodd Edwin. Roedd yna rywbeth arall yn ei hystum, rhyw dristwch.

Wrth iddo syllu draw at y caban, welodd o mo'r ffigwr tal, tenau tan iddo ddod i sefyll wrth ei ochr a phwyso ar y car.

'Iawn, Edwin?'

Neidiodd braidd o glywed y llais, a gwrido mymryn mewn embaras o gael ei ddal yn syllu. Ond doedd Noa ddim i'w weld yn poeni am bethau felly. Roedd yn llwyd ar y gorau, ond roedd o'n edrych yn arbennig o wantan rŵan, yn waeth na phan welodd Edwin o bora 'ma yn y caffi.

'Duwcs, dach chi 'di cau'r caffi? Ti'n sâl, d'wad? Sa'm golwg rhy dda arnach chdi, cofia!'

'Dafina 'di cau'r caffi'n gynnar,' mwmiodd, a rhwbio rhyw farc o faw oedd ar do'r Range Rover.

'Watsia be ti'n neud! Rhag ofn i mi gael bai am neud marc ar y paent!' meddai Edwin wedyn, yn hanner cellwair.

'Sori!' meddai Noa, a rhoi ei law i gadw dan ei gesail o'r ffordd am funud.

Ceisiodd Edwin beidio â gwenu. Aeth draw i agor y bonet, a gadael Noa yn syllu allan ar y môr i gyfeiriad y caban am sbel, heb ddeud dim i ddechrau. Clywodd fatsien yn cael ei thanio.

'Un flin 'di honna, 'de?' meddai Noa o'r diwedd, ac edrych allan i gyfeiriad y dŵr, gan dynnu'n ffyrnig ar ei sigarét.

'Pwy, d'wad?' gofynnodd Edwin, a meddwl am eiliad mai Ceri oedd o'n feddwl.

'Y ddynas 'na, honna sy'n fetron yn y cartra hen bobol.'

'Rita? Llancas ddiawl 'di hi.'

'Ia, braidd, 'de?' atebodd Noa.

Dechreuodd Edwin gynhesu at ei bwnc.

'Ma hi 'di byw dan gysgod ei mam am flynyddoedd, a honno'n gneud i Rita feddwl y dylia hi wneud yn well nag o'dd hi drw'r amser. 'Na chdi gythral o beth 'di hynny. Do'dd 'na'm byd o'dd hi'n neud cweit digon da, sti. Ma'i mam hi 'di marw ers rhyw bum mlynadd, ond ma'r damej 'di ca'l ei neud, yli.'

Atebodd Noa mohono, a difarodd Edwin ei fod wedi siarad cymaint, yn lle gadael i Noa ei hun ddeud mwy. Dyna'r drwg efo rhywun distaw fel Noa. Roedd hyd yn oed rhywun go dawedog fel Edwin yn dal i fynnu llenwi'r gofod dieiriau yn ei gwmni.

'Sut oedd hi'n nabod Dad, 'ta?' gofynnodd Noa o'r diwedd, wedi rhai eiliadau, ac Edwin yn ei ewyllysio ei hun i beidio â rwdlan. Gallai Edwin deimlo ei hun yn gwingo yn anghyfforddus. Doedd hi'm yn cymryd llawer o ddychymyg i feddwl sut oedd ci drain fel Arthur yn nabod unrhyw ddynas. Canolbwyntiodd ar ateb mor ddidaro ag y medrai.

'Arthur? Dwn i'm, sti. Yn rysgol, ella? Wsti fel o'dd dy dad, mi fasa 'di medru troi pen rhyw hogan wirion fel'na efo dipyn o eiria neis.'

'Wn i'm, chi,' meddai Noa, a chiciodd Edwin ei hun eto am fod mor ansensitif. Beryg na chlywodd Noa lawer o eiriau neis o enau Arthur erioed.

'Pawb call yn dallt.'

Edrychodd Noa arno wedyn, a gwenu'n ddiolchgar. Gwenodd Edwin yn ôl. Yn fuan wedi iddo gael ei ryddhau o'r ysgol arbennig, ymhell i ffwrdd, roedd Noa wedi dechrau cicio'i sodlau o gwmpas y garej, fel tasai'n cael cysur yng nghwmni Edwin wrth iddo weithio. Yn araf bach daeth Noa hefyd i ddechrau sgwrsio mwy, a holi am hyn a'r llall – ceir, natur, y byd mawr tu allan. Parhaodd hynny tan i John ddŵad draw ryw bnawn at Edwin a deud ei fod o wedi cael cwyn neu ddau bod Noa yn hel ei draed o gwmpas y lle ac yn gwneud i'r cwsmeriaid deimlo'n anghyfforddus. Ceisiodd Edwin achub ei gam ond doedd dim yn tycio efo John. Ni fu'n rhaid i Edwin ofyn i Noa beidio dŵad yno wrth lwc, achos mi gafodd fachiad o waith yn y caffi efo Dafina, ond roedd diffyg brawdoliaeth pobol wedi aros efo Edwin. Buan iawn oedd pobol i bwyntio bys at unrhyw un oedd ychydig bach yn wahanol.

Gan gadw hynny mewn cof, taflodd Edwin edrychiad sydyn i gyfeiriad y garej a'r offis, cyn parhau i siarad.

'Pam ti'n sôn, was? Am Rita?'

Ond codi ei ysgwyddau wnaeth Noa, ddim mewn hwyliau i ymhelaethu.

'Wela i chi, 'ta, Edwin,' meddai, ac amneidio.

'Iawn, Noa, wela i di.'

Dechreuodd Noa fynd, ac yna trodd yn ôl wedi dau gam, a gofyn,

'Dach chi 'di'i ddal o eto?'

'Dal pwy, d'wad?'

'Y boi sy'n mynd o gwmpas?'

'Naddo, ddim hyd yma, sti. Cym bwyll, ia?'

Safodd Edwin am rai munudau yn gwylio Noa yn mynd yn llai ac yn llai wrth iddo gerdded yn ôl i gyfeiriad y dref, cyn mynd yn ôl at ei waith ar y Range Rover. Pan gododd ei ben o dan fonet y car ryw chwarter awr yn ddiweddarach, roedd Noa wrth y caban, ac yn codi ei law ar Ceri fel tasai'r ddau ohonyn nhw wedi bod yn cael sgwrs.

Richard

'Mmmm.'

Roedd Rita'n canu grwndi'n bryfoclyd wrth i'r maer bryfocio blaen ei gwefus â siocled bach arall o'r bocs Milk Tray oedd ar agor ar y gwely.

A'i llygaid ynghau, sibrydodd: 'Nirfaaana…' gan lusgo'r gair o ryw nofel ramantus yr oedd wedi cael ei benthyg ryw dro o'r llyfrgell, meddyliodd Richard. Dim bod ots. 'Nirfaaana!'

Toedd 'na'm grŵp hefyd o'r un enw? Un o'r grwpiau roc trwm 'ma? Ond doedd y maer ddim i'w weld yn poeni 'run iot am darddiad yr enw. Roedd hi'n giamstar ar ei droi yn lwmpyn o angerdd, yn gwybod yn iawn sut i wneud iddo anghofio am bob dim arall.

Er ei bod hi bron yn wythnos ers y cyfarfod cyhoeddus llwyddiannus, roedd meddwl Richard ymhell pan siaradai hi efo fo.

Roedd hi'n dechrau tywyllu, a gallai Richard glywed blaen bysedd y glaw yn cyffwrdd y ffenest yn ysgafn. Stopiodd Rita gnoi a chanu grwndi, ac eisteddodd i fyny yn y gwely.

'Glaw! Damia!'

'Mmmm?' mwmiodd Richard, heb ei chlywed yn iawn, ei nwyd a'i flys yn llenwi ei ben ac yn ei wneud yn drwm ei glyw, fel tasai ganddo annwyd pen.

'Mmmm, wir!' atebodd Rita'n bigog. 'Gin i ddillad ar y lein ers amser cinio am fod y tywydd yn codi, a'r cwbwl fedri di ddeud ydy "Mmmm"! Sgin ti syniad pa mor anodd ydi trio dŵad i ben i sychu petha'n naturiol a finna'n gweithio'n y blydi lle 'na rownd y ril yng nghanol ogla piso hen bobol!'

Os oedd y sôn am law wedi methu rhoi dampnar ar nwyd Richard E Preis, yna fe wnaeth y sôn am bi-pi hen bobol y gwaith hwnnw'n effeithiol.

Agorodd ei lygaid.

'Mmm? O, duwcs, tipyn o law. Hidia befo fo rŵan, Rita. Ty'd 'ŵan... Ty'd...'

Ond roedd y foment wedi ei chwalu.

'Hidia befo! Hidia befo wir! Sgin ti ddim synnwyr o greisis, nago's! Dim o gwbwl!'

Bownsiodd Rita ei hun oddi ar y gwely, a sawdl ei sgidiau stileto du yn bachu yn un o ffibrau neilon y cwrlid piws golau ar y gwely. Tynnodd hithau'n ffyrnig arno i ryddhau ei hun, gan achosi i hanner y cwilt syrthio, a gwep Richard efo fo. Trawodd gôt drosti a gadael y stafell, gan adael Richard yn eistedd ar y gwely yn syllu ar y bocs Milk Tray.

Ddeng munud yn ddiweddarach, roedd hi'n ôl a'i hwyneb yn glaerwyn.

'Socian?' gofynnodd Richard gydag empathi, wedi penderfynu y byddai'n rhaid iddo ddangos ychydig mwy o gydymdeimlad at ei brwydr i sychu'i dillad os oedd o'n mynd i gael rhywfaint o foddhad cyn mynd adra.

Ond ysgwyd ei phen wnaeth hi, ac edrych yn wirioneddol ddifrifol.

'O, Richard... wnei di byth gesio,' meddai, ac eistedd i lawr ar y gwely i gael ei gwynt ati.

'Be sy? Be sy, Rita bach?' meddai a rhoi ei freichiau amdani.

Roedd ei chôt ar agor ychydig bach, a'r hollt yn dangos y mymryn lleia o'i choesau gwynion. Teimlodd Richard ei nwyd yn dechrau plycio o'r newydd.

'Mae o wedi bod yma! Y person! Y pyrf! Yn yr ardd! Yn fy nillad i! Ty'd i lawr i'r gegin, Richard. Ty'd plis, ma rhaid i chdi weld hyn!'

Bum munud yn ddiweddarach, roedd y ddau yn syllu ar y fasged goch gron oedd yn dal bryn bach o ddillad gwlybion truenus. Cododd Rita un o'r eitemau yn ofalus, gyda chryn dipyn o ffieidd-dra.

'Sbia!'

'Mae o'n socian,' ategodd Richard, ond doedd ei ateb ddim yn bodloni Rita.

'Sbia'n iawn arno fo.'

Gafaelodd Richard yn ochr arall y dilledyn a sbio'n iawn.

'Sbia ar y cwlwm yna! Sbia arno fo!'

Syllodd y ddau ar y cwlwm mawr oedd wedi cael ei greu drwy dynnu dwy lawes y siwmper ynghyd. Roedd yn gwlwm tyn, ac roedd pwy bynnag oedd wedi ei glymu wedi gwneud yn siŵr na fyddai perchennog y dillad yn amau ei fwriad.

'Tria di ei agor o, Richard! Tria. Ma'n amhosib, yli!'

Gafaelodd Rita yn y cwlwm a dechrau tynnu a thynnu. Taflodd y dilledyn yn ôl i'r fasged, a gafael mewn dilledyn arall, efo'r un cwlwm wedyn yn rhosyn tyn o gasineb yn rhan ohono.

'Ti'n meddwl ma'r un person...?' mentrodd Richard.

Adfeddiannodd Rita ei hun wrth glywed yr ymateb llipa gan ei chariad.

'Ti'n gall, Richard! Wrth gwrs ma'r un blydi person ydi o! Ti'n meddwl bod 'na ddau *weirdo* yn cerddad strydoedd Treheli? Ac mi dduda i rywbeth arall wrthat ti hefyd! Gin i syniad pwy ydi o ar ôl hyn!'

'Sut hynny? Does 'na fath o hoel DNA na dim ar ddillad gwlyb!' meddai Richard gyda pheth awdurdod, yn dwyn i gof ryw bennod am y fath beth ar ryw raglen dditectif roedd o wedi bod yn ei gwylio flynyddoedd yn ôl.

'Dwi'm angan DNA i wbod pwy sy wedi gneud hyn, Richard. Dwi'n deud wrthat ti rŵan! Y Noa yna ydi o!'

'Noa?' gofynnodd Richard mewn penbleth.

'Ia, wsti, hogyn Arthur Refail. Hwnnw gaeth ei yrru i ffwrdd i ryw ysgol ar ôl iddyn nhw ffeindio Arthur druan 'di marw ar lawr y gegin, ti'm yn cofio? Ac mae o'n ôl o gwmpas lle 'ma rŵan, tydi, fatha rhyw ysbryd. Ma'r boi'n rhoi crîps i bawb sy'n ei weld o.'

'Ond pam fasa fo'n gneud hyn i chdi o bawb, Rita bach? 'Di'r peth ddim yn gneud math o —'

'Ma'n gneud perffaith sens i mi! Ac o'dd rhaid i mi ei hel o o'r cartra 'cw heddiw am ei fod o'n hongian o gwmpas Isabella. Meddwl bod gynno fo hawl i ddŵad i'w gweld hi ar ôl iddo fo ddŵad â hi'n ôl o un o'i jolihoits. Wrthi'n ei helpu hi fwyta, meddylia! Os fasa fo'n gwbod sut i fwydo'i hun swn i'n hanner madda!'

Edrychodd Richard arni mewn syndod. Roedd o'n ymwybodol o'r hogyn, ac wedi ei gael yn hogyn reit gall, er ei fod yn ofnadwy o ddistaw. Anodd credu ei fod wedi bod ynghanol rhyw firi pan fu farw ei dad, ond mi oedd yn ôl erbyn hyn o'r ysgol yna, ac i weld wedi setlo. Doedd Noa rioed yn gyfrifol am greu'r annifyrrwch o gwmpas y dref liw nos? Ac eto, rŵan ei fod o'n meddwl am y peth...

'Gwatsia fo, Richard. Dwi'n deud 'that ti. Do's wbod pa gastia ddysgodd o i ffwrdd. Ond mi fydd yn siŵr o neud cam gwag yn hwyr ne'n hwyrach, ac mi fedri di landio arno fo fel tunnall o frics wedyn a'i ddwyn o flaen i well.'

Teimlai'r gegin fach oer, a'r twmpath gwlyb pwdlyd o ddillad clymog yn bell iawn oddi wrth 'nirfana' yr hanner awr flaenorol.

'Panad?' holodd Richard, a'i lais yn cydnabod ei fod wedi colli cyfle am unrhyw gysur arall.

Noa

ROEDD OERNI CANOL hydref wedi dechrau lapio'i fysedd llaith amdano wrth i Noa frysio'n ôl adra ac roedd o'n falch o gyrraedd a medru cau'r drws y tu ôl iddo cyn iddi ddechrau bwrw go iawn.

Er ei bod wedi bod yn braf cael rhyw hanner diwrnod annisgwyl o seibiant o'r caffi, buasai wedi bod yn well tasai wedi aros lle'r oedd o, a chadw draw o'r dref a'i phobol. Roedd o wedi cael sgwrs fach braf efo Edwin, wrth gwrs, ac roedd Ceri wedi bod yn glên iawn efo fo yn y diwedd, er bod yna rywbeth i'w weld yn ei phoeni'n arw pan welodd o hi i ddechrau yn y ciosg. Ella ei bod yn poeni am orfod gorffen llnau ffenestri'r caban cyn i'r glaw ddychwelyd.

Wedi tynnu ei gôt a'i hongian dros y canllaw ar waelod y grisiau, aeth drwodd i'r gegin, gan osgoi'r tamaid ar ganol y llawr teils, yn ôl ei arfer. Eisteddodd wrth fwrdd y gegin ac edrych o'i gwmpas. Roedd pob dim yn union fel yr oedd wedi ei adael cyn mynd am y gwaith, pob celficyn yn sowldiwr smart yn sefyll yn ufudd am eu tro, y goeden fygiau efo'r chwe mŵg yn hongian yn ffrwythau trwm arni. Anrheg oedd y goeden fygiau gan ryw ddynes oedd yn gweithio efo'i dad ryw dro, a dyna pam y cafodd ei harddangos gan Arthur, rhag ofn iddi alw, tybiodd Noa. Ond doedd neb wedi galw, nac oedd, nac yn galw rŵan chwaith. Felly roedd y mygiau wedi hongian yn ddiymadferth a heb ddefnydd, a'u tu mewn wedi magu llwch fel ffwr anifail. Er bod gweddill y gegin yn arbennig, yn lân ac yn dwt gan Noa, wnaeth o rioed fagu digon o blwc i daflu'r goeden fygiau ddiangen, na hyd yn oed tynnu'r mygiau i lawr i'w llnau.

Cododd ac agor yr oergell fel agor drws i stafell waharddedig. Carton o lefrith. Dau wy. Carton o sudd oren. A hanner afal, a'i du mewn wedi troi'n frown. Caeodd Noa'r oergell gyda theimlad o foddhad. Doedd 'na ddim byd yn fan'no i'w demtio heddiw, felly gallai deimlo'r cnoi yng ngwaelod ei stumog heb ofni ei fod yn mynd i orfod ildio. Ar ôl diwrnod anodd fel heddiw, fe fyddai hi mor hawdd mynd oddi ar y llwybr cul. Meddyliodd eto am Rita, a'r ffordd roedd wedi edrych arno wrth iddi ddeud wrtho am fynd. Efo ffieidd-dra. Fel tasai o'n rhyw greadur ffiaidd, budur, yn llawn llau, yn rhywbeth y dylid ei hebrwng i'r drws yn ddiseremoni a'i wthio allan i'r stryd.

Aeth at y tegell a'i lenwi efo dŵr, gan glywed yr hisian boddhaol yn chwyddo ac yn llenwi'r stafell, yn llenwi ei ben. Ond mynnu aros wnaeth y ddelwedd o Rita, a'i cheg lipstig yn troi mewn dirmyg wrth iddi siarad efo fo. Roedd o wedi gorfod wynebu agweddau wrth ddŵad yn ôl, wrth gwrs. Fe'i rhybuddiwyd gan ei weithiwr achos yn yr ysgol, Joe ffeind â'r llygaid labrador. Dywedodd Joe y byddai'n haws iddo fynd i fyw i rywle arall pan oedd hi'n amser iddo orfod gadael. I rywle lle nad oedd neb yn ei nabod, rhywle lle gallai droi tudalen newydd, bla bla bla. Roedd hi'n sbil yr oedd yn gyfarwydd iawn ag o. Doedd yr hogia yn yr un uned â fo yn siarad am ddim byd arall, fel petaen nhw'n trafod plot ffilm yn hytrach nag yn siarad am eu bywydau eu hunain.

Bu Noa'n pendroni'n hir am hyn, ac roedd yna rinweddau

yn nadl Joe, doedd dim dwywaith am hynny. Doedd y ffaith fod Arthur wedi gadael y tŷ iddo nac yma nac acw mewn gwirionedd, gan y gallai werthu'r tŷ teras bach yn eitha rhwydd, a chael celc bach reit ddel i ddechrau eto. Ond y munud yr oedd yn dechrau dychmygu byw o'r newydd yn rhywle arall, gydag enw a phersonoliaeth newydd, roedd o'n cael ei dynnu yn ôl o hyd, i'r dref fach glan y môr yma, a'i strydoedd culion a'i chorneli cyfrin. Doedd o ddim fel tasai'n medru bodoli heb gael Treheli yn gefnlen i bob dim, er gwaetha'r cysylltiadau anodd oedd yn ei wynebu mewn ambell lecyn. Treheli oedd wedi ei ffurfio. Ac mewn rhyw ffordd ryfedd, fo oedd wedi ffurfio Treheli hefyd. Roedd o yno, yn y sgraffiadau ar y fainc ym mhen draw'r pier, yn y garreg a dynnodd o'r wal fach ger y fynwent i guddio darn o deisen ben-blwydd, ym mlas yr heli ar ei wefusau.

Wedi tywallt cwpanaid o ddŵr poeth iddo fo'i hun, dringodd y grisiau i'w lofft, gan sylwi bod y patsh bach moel ar y grisiau wedi gwaethygu ers iddo sylwi ddiwethaf. Cyfuniad o wyfynod carped a thraul blynyddoedd o drampio oedd hyn, ac roedd hi'n fwriad gan Noa drefnu i gael carped newydd ryw dro. Ac eto, mewn rhyw ffordd ryfedd, roedd o'n teimlo rhyw agosatrwydd at y gwyfynod. Doeddan nhw ddim wedi medru bod yno pan oedd Joyce ei fam yn byw yno, wrth gwrs, gan ei bod hi'n llnau ac yn hwfro o fore gwyn tan nos. Hyn oedd ei ffordd hi o ymdopi efo pethau. Tan iddi fethu diodde mwy un bore glân o wanwyn, a gadael Noa ar ei ben ei hun efo'r gwyfynod. Ac Arthur.

Daeth Noa i'r canlyniad yma pan aeth i ffwrdd, a throi a throsi pethau fel tasai'n rowlio toes, yn ôl a blaen, i mewn ac allan, fel roedd o wedi gweld ei fam yn ei wneud droeon. Ac fe fyddai ei fam yn siŵr o ddeud y drefn wrtho am beidio taflu'r carped allan ar y sgip a chael gwared unwaith ac am byth ar y gwyfynod powld. Ond roedd Noa wedi dechrau magu rhyw hoffter rhyfedd o'r creaduriaid eiddil tryloyw a godai o'r carped ac o'i ddillad ambell dro. Roedd yna harddwch yn eu hehediad araf, a'u hadenydd yn dal pelydrau'r golau wrth iddyn nhw symud, yn feddw ar eu gorchest o fod wedi dodwy eu hwyau'n ddiogel.

Wedi cyrraedd y stafell wely, tynnodd Noa ei ddillad oddi amdano, a gwisgo'r crys nos hir yr oedd wedi ei brynu yn y siop elusen yn y dref yn fuan ar ôl symud yn ôl. Gorweddodd ar ei wely a thaenu ei fysedd ar hyd esgyrn pigog ei belfis, fel y mynyddoedd roedd o'n medru'u gweld yn y pellter wrth edrych allan o'r pier. Yna crwydrodd ei law at y pant oedd yn gorwedd rhwng y ddau fynydd pigog, y gwastadedd fflat braf nad oedd yn cuddio 'run gronyn o fraster. Gorweddodd fel'na am ysbaid go hir, yn syllu ar y nenfwd. Roedd y lluniau bach o'r cylchgronau wedi dal eu lle yn dda ar ôl yr holl flynyddoedd. Oherwydd mai fo oedd wedi eu dewis a'u gludo'n ofalus, ofalus, roedd o'n gwybod yn iawn lle roedd pob dim, yn edrych ar lun o ryw dirwedd gyfarwydd. Roedd y *doughnut* yn fan'na yn y gornel, a'r cacenni efo'r eisin pinc wedyn yn ymestyn yn un lindysyn hir at y bylb golau yng nghanol y stafell. Ar yr ochr dde roedd lluniau o wahanol basteiod sawrus, a llun pupur coch yn foliog fodlon uwchben lle'r oedd o'n cysgu. Bu wrthi'n ddyfal yn dewis ac yn glynu ar brynhawniau Sadwrn a Sul, gan wneud yn siŵr ei fod o'n cuddio unrhyw arwydd oddi wrth Arthur, na fyddai'n dallt. Erbyn y diwedd, roedd pob modfedd bron o'r nenfwd wedi cael ei orchuddio gan y lluniau lliwgar o wahanol fwydydd, ac roedd Noa yn medru diwallu ei chwant i loddesta drwy ddŵad i'w stafell wely a syllu ar ei gampwaith.

Pan ddaeth yr heddlu draw ar ôl iddyn nhw ddarganfod Arthur yn gelain ar lawr teils y gegin, roedden nhw wedi mynd drwy'r tŷ efo crib mân, wrth reswm. Roedd Noa wedi bod yno pan welodd un o'r heddweision y gludwaith ar y nenfwd, ac wedi ei weld yn amneidio ato wrth ei gyfaill. Roedd o hefyd wedi gweld y ddau'n edrych ar ei gilydd, cyn holi Noa be ddiawl oedd ystyr peth fel hyn. Roedd Noa yn dal i gofio'r teimlad ofnadwy hwnnw, o gael rhywbeth sanctaidd yn cael ei rwygo'n ddarnau a'i ddal i ddirmyg pobol oedd ddim yn haeddu ei weld.

Caeodd ei lygaid. Wyneb Isabella ddaeth i'w feddwl, Isabella fregus hardd, a'i gwddw lluniaidd yn ymestyn fel alarch am y sêr. Roedd hi'n falerina eto, yn symud fel dawnswraig, yn ofalus, yn sefyll ar ymyl y dŵr ac yn gwneud *pirouette* araf, araf o'i flaen. A chyn pen dim, roedd Noa yntau wedi codi o'i wely ac yn suo'n osgeiddig i sŵn rhyw felodi, yn ysgafn fel anadl, ei gorff yn symud yn araf ac yn bwrpasol, a'i lygaid yn dal ynghau.

Ceri

Ciciodd Ceri garreg fechan o'r neilltu efo blaen ei throed ac edrychodd i fyny'r stryd am y canfed gwaith, neu felly roedd o'n teimlo. Daeth y weithred â hi'n syth yn ôl at fod yn hogan ifanc tua deg oed, yn llyffanta y tu allan i'w chartref cyn iddi gael mynediad yn ôl i mewn gan ei mam. Doedd honno byth yn fodlon i Ceri fod o gwmpas pan oedd hi'n 'entertainio', fel y byddai hi'n ei alw, er bod y syniad o gael rhywfaint o adloniant felly yn rhywbeth oedd yn hynod o apelgar i Ceri. Pan oedd hi'n cael mynediad yn ôl i mewn i'r tŷ, fe fyddai Ceri wastad yn hanner disgwyl siwt clown neu offer jyglo ar y soffa yn y stafell ffrynt, rhyw arwydd o'r sioe a berfformiwyd y tu ôl i'r llenni caeedig, ond cael ei siomi fyddai hi bob tro.

Roedd Mart wedi bod yn hir iawn efo Gaf yn y tŷ. Doedd Ceri ddim yn deall pam na allai hi fynd i mewn a chadw allan o'r ffordd tra oedd y ddau ohonyn nhw'n siarad. Roedd y caban wedi bod ar gau drwy'r dydd heddiw gan ei bod yn ddydd Llun, ac roedd Ceri wedi bod yn crwydro fel ysbryd o siop i siop yn codi pethau ac yn esgus cymryd diddordeb ynddyn nhw, yn craffu ar y pris fel tasai o unrhyw bwys. Doedd hi ddim yn medru loetran yn hir iawn yn unlle, gan y byddai'r sawl oedd piau'r siop, neu'n gweithio yno, yn dod draw ac yn holi a oedd hi eisiau prynu rhywbeth. Roedd yn gas gan Ceri'r math o agwedd drahaus yr oedd pobol mewn siop yn ei fagu tuag at rywun fel hi, fel tasai hi rywsut o lai o werth na'r nwyddau oedd â label pris arnyn nhw.

Roedd Ceri'n poeni hefyd am ei bag, oedd yn cael ei stwffio y tu ôl i'r soffa yn ystod y dydd. Roedd ei holl drugareddau wedi cael eu stwffio i'r bag am y tro, a doedd hi ddim eisiau colli bron popeth oedd ganddi. Er bod bag neu ddau arall ganddi yn nhŷ ei mam, doedd hi ddim eisiau gwahodd mwy o firi drwy orfod mynd i fan'no a wynebu dirmyg y Carl annifyr yna oedd yn meddwl mai fo oedd piau ei mam, er mai dim ond ers rhyw chwe mis oeddan nhw'n gariadon. A phrun bynnag, efo'i misglwyf ar fin dechrau, doedd hi ddim eisiau bod yn bell o'i bag bach personol.

Doedd hi ddim yn wirion. Roedd hi'n gwybod mai eisiau siarad drygs roedd Mart a Gaf, a bod Gaf yn trio'i orau ers tro i drio perswadio Mart i fod yn un o'r criw oedd yn mynd draw i brynu stwff newydd yn Lerpwl a Manceinion. Ond roedd Mart wedi gaddo iddi, toedd? Wedi gaddo na fasa fo'n mynd ddim dyfnach i mewn i'r byd hwnnw. Ac roedd Mart yn cadw at ei air, bechod, er ei fod weithiau'n cael ei dynnu i mewn i bethau yn erbyn ei ewyllys. Roedd hi'n niwsans eu bod nhw wedi gorfod cnocio ar ddrws Gaf o gwbwl i ofyn am le i gysgu, ond doeddan nhw ddim mewn sefyllfa i fedru bod yn rhy ffysi.

Craffodd i fyny at y cymylau am ychydig funudau, a thrio gweld pa ffurfiau a welai ynddyn nhw heddiw, ond doedd hi ddim yn yr hwyliau iawn mae'n rhaid, achos yr unig beth roedd hi'n medru ei weld oedd cleisiau ar draws wyneb yr awyr. Edrychodd, yn hytrach, i lawr y stryd unwaith eto, a dechrau cerdded ar hyd y pafin yn araf, gan edrych ar bob drws ffrynt yn ei dro. Roedd hi wrth ei bodd yn gweld y gwahanol fathau, y gwahanol liwiau a siapiau: rhai'n rhodresgar ac yn fwy addas i blasty crand nag i dŷ teras mewn tref fach glan y môr, rhai eraill â'r paent wedi pilio arnyn nhw, neu efo les tenau yn hongian dros y gwydr. Un coch llachar fasai ganddi hi, meddyliodd, a nocar mawr efydd arno fo er mwyn iddi fedru clywed ei holl ffrindiau pan oedden nhw isio dŵad i mewn i'r tŷ ati.

Ond chafodd hi ddim llawer o gyfle i deithio'n bell iawn i lawr y stryd oherwydd rhwygwyd ei sylw gan ddrws tŷ Gaf yn agor a Mart yn cael ei boeri allan i'r stryd fel fflemsan, ac ychydig fagiau plastig i'w ganlyn. Neidiodd Mart ar ei draed yn ôl a chodi ei ddyrnau wrth droi'n ôl am y drws. Wrth iddi redeg yno, gallai weld Gaf yn sefyll fel bownsar yn y drws, ei ddyrnau'n ddau gwlwm tyn wrth ei ochr, a rhywbeth gloyw yn dal y golau fymryn yn ei ddwrn de.

'Paid, Mart! Gynno fo —'

Cyn iddi gael cyfle i ddeud dim byd mwy, roedd Gaf wedi cau'r drws yn glep, gan adael Mart i syllu mewn rhywbeth tebyg i embaras ar y bagiau o gwmpas ei draed.

'Paid â blydi sbio fel'na, g'na rwbath!' poerodd Mart. 'I ni ga'l mynd o 'ma, wir Dduw!'

Cododd y ddau'r bagiau a sefyll yno am eiliad.

'Lle rŵan?' gofynnodd Ceri, a difaru'n syth, gan fod ei llais yn swnio mor bathetig yn y stryd fach wag, wyntog.

Edrychodd Mart arni am eiliad, fel tasai ar fin deud rhywbeth, ond newidiodd ei feddwl a rhoddodd wên fawr lydan oedd yn gwneud i'w lygaid fynd yn fychan bach.

'Plan B, ia, bêb? Plan B.'

Gwenodd Ceri yn ôl, heb y syniad lleia o be'n union oedd 'Plan B' yn ei olygu.

Richard

Aeth Richard i'w wely'n gynt nag arfer y noson honno gan fod helyntion y diwrnod wedi ei flino'n arw. Roedd bod yn faer yn gyfrifoldeb ar y gorau, a doedd o ddim wedi ymgymryd â'r swydd yn ysgafn. Doedd Sioned ei wraig ddim yn un oedd wedi bod yn brin o uchelgais ei hun pan oedd hi'n fengach. Yn un liwgar a doniol, roedd pobol yn heidio ati, roedd hi'n gyfathrebwr naturiol. Ond roedd y salwch wedi gwelwi ei hasbri at bob dim. A doedd hi ddim yn gweld pam y dylai Richard wahodd mwy o waith i'w fywyd chwaith. Cam gwag fyddai derbyn y swydd, yn ei hôl hi, ac roedd ganddo ddigon i'w wneud yn ei waith ar y cyngor bwrdeistref i'w gadw'n ddiddan yn 'hydref ei ddyddiau'. Dyna oedd ei hunion eiriau. O'r herwydd, doedd Richard ddim yn medru dŵad â phroblemau a helyntion y rôl dros y rhiniog a disgwyl unrhyw gydymdeimlad o fath yn y byd gan Sioned.

Efallai mai dyna oedd atyniad Rita iddo, meddyliodd, wrth llnau ei ddannedd a syllu arno'i hun yn y drych. Efallai mai hogan o'r dref oedd Rita hefyd, ond roedd ganddi hi weledigaeth oedd yn codi uwchlaw hynny. Beth ddywedodd Oscar Wilde hefyd am y ffaith fod pawb yn gorwedd yn y gwter, ond bod rhai'n edrych ar y sêr? Ond fyddai ddim yn mentro deud hynny wrth Rita chwaith, rhag ofn iddi gymryd ati efo'r syniad ei bod yn y gwter. Rita oedd wedi ei annog i dderbyn swydd y maer, ac er na fyddai hi'n medru addurno ei fraich yn swyddogol, roedd Richard yn meddwl weithiau fod ei bŵer a'i awdurdod yn dipyn o affrodisiac iddi yn y gwely.

Roedd Richard wedi pendroni tipyn uwch sylwadau Rita am yr hogyn Noa yna. Doedd o erioed wedi meddwl fod rhyw lawer o ddim byd yn bod ar yr hogyn, er gwaetha'r cyhuddiadau oedd wedi cael eu gwneud yn ei erbyn pan gafwyd Arthur ei dad yn gelain ar lawr y gegin. A deud y gwir, roedd Noa yn rhyfeddol, o ystyried y math o fywyd oedd ganddo yn byw efo tad fel'na. Roedd o wedi synnu o'i weld yn dychwelyd i Dreheli ar ôl bod i ffwrdd yn yr ysgol arbennig, ond roedd yna rywbeth reit braf, ym meddwl Richard ar y pryd, fod yr hogyn yn teimlo ei fod eisiau dychwelyd i'r gymdogaeth er gwaetha'r cysylltiadau anffodus roedd gan y lle iddo. Wedi deud hyn y i gyd, roedd ensyniadau Rita amdano'r noson o'r blaen wedi dechrau naddu yn ei ben. A doedd Richard ddim yn hoff o'r syniad o gael ei alw'n naïf gan neb.

Aeth â'i liniadur i'w wely efo fo, ac agor y clawr. Doedd dim rhaid iddo boeni am ddeffro Sioned erbyn hyn, gan fod y ddau yn cysgu mewn stafelloedd ar wahân ers dwy flynedd bellach, er bod Richard yn cael mentro draw ati hi ar ei ben-blwydd a Dolig. Roedd hi'n rhyfeddol sut oedd rhywun wedi dod i arfer efo'r trefniant. Er nad oedd o'n mwynhau gweithio yn y gwely fel arfer, doedd o ddim wedi cael cyfle i edrych ar ei epistolau ers diwrnod neu ddau efo holl drafferth y stelciwr 'ma, a buan iawn y byddai rhywun yn cwyno ei fod o'n esgeuluso ei rôl mewn rhyw ffordd. Rhaid fyddai rhyw how ymateb i ambell un dethol felly, i gadw'r ddesgil yn wastad.

Negeseuon digon cyffredin oedd y rhan fwyaf ohonyn nhw, rhyw alwadau i gyfarfodydd, rhybudd o waith ffordd mewn ychydig o wythnosau fyddai'n golygu cau rhai strydoedd.

Ond tynnwyd ei sylw gan un e-bost gan ryw Victor Mainwaring a'r pennawd bras 'SYRCAS' ar frig yr e-bost. Suddodd ei galon. Roedd Richard wedi anghofio pob dim am ddyfodiad y syrcas flynyddol i Dreheli. Roedd yn achlysur yr oedd cryn edrych ymlaen ato, ac er mai dim ond am ddiwrnod roedd y syrcas deithiol yn oedi efo nhw, roedd ei phresenoldeb lliwgar yn aros yn isymwybod y dref drwy fisoedd hirlwm y gaeaf, ac yn destun siarad a rhyfeddod i lawer un.

Ond nid yr un oedd Treheli heddiw ag oedd hi flwyddyn yn ôl. Roedd y dref dan warchae, a'r trigolion yn byw mewn ofn ac yn edrych yn betrusgar rownd pob cornel. Ochneidiodd. Ella bod y dadansoddiad hwnnw yn mynd braidd yn bell. O gerdded o gwmpas y dref, fyddech chi ddim yn sylwi bod unrhyw beth yn wahanol, mewn gwirionedd, ac eithrio ambell boster mewn ffenest siop neu ar bolyn lamp. Roedd pobol yn dal i fynd o gwmpas fel cynt. Doedd 'na neb wedi cloi eu drysau ac yn llechu'n grynedig y tu mewn i'w tai. Ond wedi deud hynny, roedd yna annifyrrwch yn sicr, ac roedd pobol ychydig bach yn fwy nerfus pan oedd yna rywbeth bach gwahanol yn digwydd yn eu gerddi, ar eu stepan drws. Roedd rhyw hen fachgen wedi dod ato ddoe ddiwetha a deud bod yna rywun wedi bod yn rhoi twll yng nghaeadau ffoil y potiau iogwrt oedd yn cael eu gadael y tu allan i'w ddrws gan y dyn llefrith. Roedd Richard wedi gwrando arno'n amyneddgar, heb eisiau awgrymu nad oedd y titw tomos las yn drwglecio cynnyrch hufennog chwaith, ac mai hwnnw oedd ar fai. Ond y pwynt oedd bod pawb ar binnau. Fe fyddai gwahodd sbloets a rhialtwch syrcas i'w gymuned yn weithred ansensitif os nad anghyfrifol dan yr amgylchiadau.

Clustfeiniodd, a chlywed sŵn Sioned yn siffrwd am ei gwely. Roedd o wedi gofalu bod diod o ddŵr wrth ei hymyl, a bod y po yn lân ac wedi ei osod o dan ei gwely fel arfer. Doedd o ddim yn medru cofio'r diwrnod y trodd hyn o fod yn gymwynas mewn cyfyngder i fod yn rhan o rwtîn nad oedd rhywun prin yn sylwi arno bellach. Roedd ei chlustffonau hefyd yn hongian iddi ar ffrâm y gwely. Arferai wrando ar ryw CD ymlaciol a sŵn tonnau'n torri ar draethell unig cyn mynd i gysgu, ac roedd hynny i'w weld yn gweithio o fewn munudau.

Edrychodd ar y ffôn yn wincio'n gellweirus ar y bwrdd bach wrth ymyl ei wely. Arferiad drwg arall ganddo oedd hwn, gyda'r esgus o fod ar alwad tasai unrhyw un o'r trigolion yn gofyn am ei wasanaeth. Rita oedd yn galw am ei wasanaeth fwyaf, wrth gwrs, ac er ei fod wedi ceisio osgoi i ryw negeseuon nos da swslyd fynd yn arferiad arall, roedd o wedi llithro i'r fagl honno dros ei ben a'i glustiau hefyd, ac yn pechu os oedd o'n anghofio erbyn hyn.

Ond roedd ganddo gennad pwysicach heno. Pwysodd y botymau yn chwim, a disgwyl yn amyneddgar am y dôn. Daeth ei llais fel triog. Roedd hi'n gwybod mai dim ond y fo fyddai'n ei ffonio gyda'r nos fel hyn.

'A be fedra i neud i chdiiiii?' meddai, mewn rhyw hen lais siwgr candi oedd yn dechrau troi ar Richard tasa fo'n onest. Doedd o ddim mewn hwyliau chwarae rhyw hen gemau heno.

'Y syrcas, Rita!' hisiodd i mewn i'r ffôn.

'Syrcas!' meddai hithau, fel carreg ateb, ac oedd, roedd y cynnwrf yno yn ei llais. Suddodd calon Richard ymhellach wrth feddwl am orfod deud ei benderfyniad wrthi.

'Dwi 'di penderfynu. Fedrwn ni ddim eu cymryd nhw yma eleni, Rita. Dim efo pob dim sy'n digwydd yn y dref, mi fasa fo'n —'

'Richard!' gwichiodd Rita, a'i llais yn cronni siom aruthrol y gymdogaeth, meddyliodd Richard. 'Ond, Richard, fedri di ddim... canslo...' a rhoddwyd pwyslais arbennig ar y gair hwn, 'canslo'r syrcas o bob dim. Tydi pawb wedi bod yn... yn edrych ymlaen at hyn ers misoedd lawar!'

Doedd Richard ei hun ddim wedi clywed yr un gair o 'edrych ymlaen' wrth iddo fo ymwneud â'r trigolion o ddydd i ddydd, cymaint felly fel ei fod wedi anghofio'n llwyr am y peth tan e-bost Victor Mainwaring.

'Ma'r ysgol wedi bod yn gneud prosiect ar y syrcas ers tipyn o wythnosau rŵan, medda genod gwaith. Ma'r hen bobol yn lle ni i gyd yn edrych ymlaen!'

Gwelai Richard y penwynion yn y cartref yn plygu gan ddifaterwch yn eu cardigans. Ond ymlaen aeth Rita.

'Ac mae pawb yn y siopa'n meddwl am y proffit del maen nhw'n mynd i'w wneud pan ddaw pobol o'r tu allan i fewn i'r dre i wario. Meddylia siom fasa pawb yn ei ga'l tasa...'

Roedd ei llais yn dechrau dringo i ryw draw hysteraidd, yn hongian ac yn ei thaflu ei hun fry yn fan'na fel dyn ar drapîs. Yn ôl ac ymlaen, yn torri drwy awyr ddu'r Big Top, y dorf yn syllu i fyny'n gegrwth...

'Richard? Ti'n gwrando ar air dwi'n ei ddeud?'

'Ymm, yndw siŵr, ond... mi fasa ca'l rhyw giang o'r tu allan fel'na, golwg digon budur ar y rhan fwya ohonyn nhw, mi fasa ca'l rhyw bobol fel'na'n dŵad i mewn i Dreheli ar adag mor sensitif, wel... Na, dwi ddim yn meddwl y basa neb yn diolch i mi, taswn i'n caniatáu i hynny gymryd lle ynghanol y creisis 'dan ni ynddo fo ar hyn o —'

'Creisis!' Roedd ei llais wedi dringo i lawr o'r uchelderau. Doedd dim osgoi'r min penderfynol ynddo erbyn hyn. 'Os ti isio gweld creisis go iawn ar dy ddwylo, boi, tria di ddeud wrth bobol Treheli bo' chdi'n rhoi stop ar eu syrcas nhw!'

Ac yna, rhoddodd y ffôn i lawr arno. Syllodd Richard ar ffenest ei ffôn am eiliad, cyn ei diffodd a throi'r lamp wrth ochr ei wely i ffwrdd hefyd. Swatiodd dan y dwfe, gyda phwysau'r byd wedi eu lapio'n drwm amdano.

Ceri

Pwysodd Ceri yn ôl ar y wal fawr garreg oedd yn cynnal y pier wrth odrau'r prom cyn i'r pier ymestyn draw i gyfeiriad y tonnau. A stopiodd. Wrth edrych i fyny, gallai weld yr awyr a'r sêr rhwng rhai o'r holltau mwya llydan oedd rhwng y slatiau pren. Tasai hi'n olau dydd yn yr haf, mi fyddai'r slatiau pren yn sigo dan draed pobol yn dŵad draw i weld rhyfeddod y fraich oedd yn ymestyn ac yn stopio. Roedd Ceri wastad wedi meddwl bod hyn yn rhyfedd, bod pobol eisiau mynd i ben draw rhywbeth a nhwythau'n gwybod yn iawn bod dim llawer o bwrpas i'r daith, heblaw eu bod yn medru mynd ychydig yn nes at y tonnau, a chogio bach eu bod nhw'n sefyll ar y dŵr fatha Iesu Grist yn y llyfr 'na yn ysgol bach.

Ond doedd neb yn cerdded heno, wrth gwrs, a hithau'n ddu bitsh a'r gwynt yn gafael fel feis am bawb oedd yn mentro allan.

Ceisiodd Ceri ganolbwyntio ar wres y tsips a chau gweddill yr oerfel allan, er ei bod yn dechrau colli teimlad ym mlaenau'i bysedd. Roedd hi wedi medru prynu bagiad go dda i'r ddau ohonyn nhw, a physgodyn hefyd i Mart. Roedd ogla da ar y bwyd, a'r finag yn pigo'n braf ar ei thafod wrth iddi gnoi.

'Ma hyn 'tha byd arall, dydi?' meddai Ceri, am rywbeth i'w ddeud yn fwy na dim byd arall.

Digon tawedog oedd Mart ers oriau, yn edrych i fyny ac i lawr y stryd yn nerfus fel tasai'n disgwyl i rywun neidio arno o bob cornel.

'E?' gofynnodd Mart, er nad oedd o'n swnio fel tasai eisiau gwybod o gwbwl, a deud y gwir. Roedd hi wedi bod yn ddiwrnod anodd iddo fo, meddyliodd Ceri, ac roedd ganddo gywilydd ei fod o wedi cael ei ddal yn cael ei daflu allan fel'na ar y stryd. Doedd neb eisiau teimlo'n ddim byd fel'na, ac yng ngolwg pawb hefyd. Roedd Ceri'n dallt. Roedd hi'n benderfynol o drio symud ei feddwl.

'Wel, wsti…' aeth yn ei blaen yn frwdfrydig. 'Ni'n fan'ma o dan y pier, a gweddill y byd jyst yn mynd ymlaen fel tasa ni ddim o dan y pier. Fel tasa ni ddim yma o gwbwl. Fatha ysbrydion, 'lly. Rhyfadd.'

'Hileriys,' atebodd Mart yn swta, a chodi cynffon y pysgodyn i'r awyr a'i ollwng i'w geg, fel dyn yn llyncu cyllall.

Gallai Ceri deimlo lleithder y mwsog ar y wal yn treiddio i'w chôt, gan ddechrau ei fferru at ei chanol. Ceisiodd gynhesu at ei phwnc, i basio'r amser a symud eu meddyliau.

'A ma 'na lot o bobol posh yn fan'ma, does? Pobol sy'n ei gneud hi'n iawn ac yn la-di-da-io hi rownd y lle 'ma fel tasa gynnyn nhw fwy o hawl ar yr haul na ni. Ond 'run fath 'dan ni i gyd, 'de? Ma glaw yn glychu pawb 'run fath, dydi! Yn diwadd.'

'Be ffwc ti'n falu cachu, d'wa'?' meddai Mart, a gwasgu ei bapur tsips yn belen ffyrnig.

'Trio deud rhwbath i neud sgwrs, Mart,' atebodd Ceri, yn fwy brysiog nag oedd hi wedi ei fwriadu.

'Dwi'n edrach fatha 'swn i'n y mŵd i neud sgwrs?'

'Nagw't,' meddai hithau'n ddistaw.

Gorffennodd Ceri weddill ei tsips mewn distawrwydd,

gan gynnig y rhan fwya ohonyn nhw i Mart oedd yn dal yn llwglyd.

'Reit, bêb, be 'dan ni'n mynd i neud?' gofynnodd Mart rhwng dau gegiad.

Meddyliodd Ceri am eiliad, ac yna: 'Dwn i'm. Aros yn fan'ma?'

Edrychodd Mart yn iawn arni am y tro cynta ers oriau.

'Aros yn fan'ma?' gofynnodd, a doedd hi ddim yn glir rywsut a oedd o'n meddwl ei fod o'n syniad da ai peidio.

'Wel, 'swn i'n gêm, jyst am noson.'

'Ti'n dwlali 'ta be?'

Syllodd y ddau ohonyn nhw ar y tonnau oedd yn rowlio i fyny'r tywod gwlyb, yn tyfu'n fwy wrth iddyn nhw larpio'n nes ac yn nes, ac ewyn pob un yn mentro'n agosach at eu traed.

'*Bus shelter*, 'ta? Honna ar y ffordd at y garej yn pen draw. Sbio ar y môr. Sna neb yn mynd i fan'no'n gaea, a sbia neis fasa deffro'n bora a...'

Yn lle ei hateb, daeth Mart ati a chlymu ei wefusau amdani'n dyner. Roedd eu lleithder cynnes yn dal i yrru ias i lawr ei chorff, ac roedd ei dynerwch yn rhywbeth doedd hi ddim wedi ei deimlo ers talwm ganddo. Roedd hi'n anodd iddyn nhw fod yn dyner yn cysgu ar soffa ddrewllyd rhywun arall. Brwsiodd top ei geg ei gwefusau wedyn, a theimlodd Ceri y blewiach bach pigog yn ei chrafu'n braf.

'Gin ti le bach 'san ni'n medru mynd iddo fo, does, Cer?' murmurodd rhwng y cusanau, a'i dafod yn mentro i mewn i'w cheg a wnaeth i Ceri feddwl am ewyn y môr yn mentro, mentro i fyny'r traeth.

'Mmm?' meddai hithau, gan gau ei llygaid ac ymgolli yn y teimlad.

'Y ciosg, 'de? Sna neb yn mynd i styrbio ni yn fan'no, nagoes? Dim tan bora, beth bynnag.'

Dechreuodd Ceri dynnu oddi wrtho, ond daliodd Mart hi'n dynn.

'Na, fedra i ddim, Mart.'

'Pam ddim, Cer, mmm? Mae'n berffaith, dydi?'

Daliodd Ceri i drio tynnu i ffwrdd.

'Ond no wê 'san ni'n ca'l iwsio fan'na fatha lle i ddosio lawr ynddo fo. 'Sa Rita'n dŵad i wbod, 'swn i'n colli'n job! A sbia lle fasan ni…! Aw!'

Roedd Mart wedi dechrau gafael yn dynnach yn ei gwallt, nes bod y gwreiddiau'n dechrau gwingo.

'Paid â bod mor blydi saff, 'nei di? Ti'm yn gweld? Fyddan ni 'di blydi marw yn fan'ma 'san ni'n gorfod aros allan yn y tywydd 'ma! Dyna ti isio?'

Teimlodd Ceri lafn o oerni yn plannu'n ddyfnach i mewn iddi.

''San ni'n… marw?'

'Basan, siŵr! Hypothermia! Ti'm yn gweld y niws?'

Atebodd Ceri mohono, dim ond meddwl am y ddau ohonyn nhw'n biws-wyn ac yn gelain ar y tywod, a chrancod yn chwarae yn eu gwalltiau.

''Sa well gin ti hynny na pechu'r blincin ast 'na, basa? Wir?'

'Ond fedra i'm colli'n…' Roedd goslef ei llais yn dangos ei bod wedi colli'r ddadl.

''Di'r goriad gin ti?'

Atebodd Ceri mohono i ddechrau, a thynhaodd Mart ei afael yn ei gwallt eto.

'Yn y… yn y pwrs. Plis paid, fedra i…'

Ond roedd Mart wedi mynd i'r bag cotwm tenau oedd wedi bod yn fag llaw iddi ers misoedd, ac wedi agor y pwrs. Roedd y goriad yno, ymhlith y pres mân a thampon neu ddau. Syrthiodd un neu ddau ohonyn nhw wrth eu traed, a gorwedd yno yn eu seloffên fel pysgod gwyn gloyw. Caeodd Mart ei law am y goriad, a'i dynnu oddi yno gan roi'r bag yn ôl i Ceri.

'Ty'd.'

Dechreuodd gerdded i ffwrdd, a rhedodd Ceri ar ei ôl unwaith yr oedd hi wedi pysgota am y tampons yn y tywod gwlyb wrth ei thraed.

Aeth y ddau law yn llaw i gyfeiriad y caban, a Mart ryw gam o flaen Ceri. Unwaith roeddan nhw wedi sicrhau bod neb o gwmpas i'w gweld yng ngolau'r lamp stryd, roeddan nhw wedi gwthio'r drws pydredig unwaith neu ddwy, ond roedden nhw i mewn ymhen eiliadau. Rhoddodd Ceri y goriad ar yr ochr fewn i'r clo, rhag iddo fynd ar goll. Roedd yn weithred a ddaeth â thŷ ei nain yn ôl i Ceri heb ei ddisgwyl. Nain oedd yn gwneud hynny bob tro, rhag ofn iddi golli'r goriad. Rhyfadd na fasai mam Ceri wedi gwneud y weithred gall honno, yn lle bod hanner ei bywyd yn cael ei dreulio yn chwilio am oriad y drws. Be fasai Nain yn ei ddeud tasai hi'n ei gweld hi rŵan?

Eisteddodd Ceri ar y llawr yn syth, gan orfod symud y ffrâm dal pwcedi a rhawiau i un ochr, a'r arwydd oedd yn mynd ar y pafin pan oedd y caban ar agor. Dal i sefyll wnaeth Mart, a syllu allan i'r môr fel capten ar fwrdd ei long.

'Psst! Mart! Ty'd lawr! Rhag ofn i rywun ein gweld ni!'

'Pwy neith ein gweld ni? Sna ddiawl o neb o gwmpas! Pawb yn gynnas neis yn eu tai, tydyn!'

'Ond… pobol yn cerddad 'u cŵn a phetha! A be 'san nhw'n deud wrth Rita!'

'Wnân nhw ddim, siŵr!' atebodd, a'r brafado cyfarwydd hwnnw yn ei lais yr oedd Ceri wrth ei bodd efo fo weithiau. Ond dŵad i eistedd i lawr nesaf ati wnaeth o hefyd.

'Sna'm lot o le 'ma, nago's?' meddai.

'Fedran ni symud petha i'r ochr, ella. Neu orwadd o dan y ffenast yn fan'ma. Ac wedyn os ydi pobol yn sbio i mewn, wnawn nhw ddim…'

'Blydi hel, ymlacia 'nei di, Ceri? Dwi'n deud 'thach chdi. 'Dan ni'n ocê yn fan'ma 'ŵan. Yn hollol hollol saff.'

Ac wrth i Mart estyn am ei hwyneb yng ngolau'r lamp stryd y tu allan, a dal ei gên yn garuaidd yn ei law, caeodd Ceri ei llygaid, a meddwl tybed os bysan nhw'n medru mentro byw fel hyn am byth.

Edwin

DIFFODDODD EDWIN EI ffôn, a diffodd y golau yn y stafell yr un pryd. Gan ei fod yn byw ar un o'r strydoedd culion oedd yn rhedeg yn gyfochrog â'r stryd fawr, roedd yna ddigon o lampau eisoes i oleuo ei lolfa. P'run bynnag, roedd Edwin yn mwynhau eistedd yma yn gymharol anweledig fel ysbryd, ac eto'n medru gweld pawb oedd yn pasio, a phob dim oedd yn digwydd.

Roedd llais Richard Preis yn dal i ganu yn ei ben. Doedd dim dwywaith fod y dyn yn dechrau colli arno; gallai Edwin daeru ei fod yn siarad efo tua thri o bobol ar unwaith. Y syrcas oedd ar ei feddwl o. Allai Edwin ddim llai na gwenu wrtho'i hun. Pwysau'r tsiaen aur rownd ei wddw ac awdurdod y swydd oedd wedi denu Richard at fod yn faer, a doedd o ddim yn gyfforddus o gwbwl yn gorfod gwneud penderfyniad ymarferol o fath yn y byd.

Doedd dim rhaid i Richard egluro pwy oedd wedi bod yn ei glust o i fwrw mlaen efo'r syrcas. Roedd fel tasai Rita yn llefaru'r geiriau o'i flaen yn ei lolfa. Roedd pob dim yn ddu a gwyn i rywun fel Rita, meddyliodd; hynny ydi, os nad oedd o'n binc ac yn sgarlad neu unrhyw liw llachar dan y greadigaeth! Roedd plannu ei chrafangau lliwgar yn rhywun pwysig ond llywaeth fel Richard Preis yn un o lwyddiannau mawr ei bywyd.

Ond roedd llais Richard Preis wedi rhygnu mlaen i bwyso a mesur. Wrth gyrraedd y geiriau 'arwain at anhrefn llwyr' cododd ei lais i lefel oedd bron yn operatig, ac roedd yn rhaid i Edwin ganolbwyntio o ddifri ar beidio â dechrau piffian chwerthin.

Bu tawelwch am ennyd wedyn, ac roedd hi'n amlwg fod Richard yn disgwyl am ymateb. Cliriodd Edwin ei wddw, a deud, mewn goslef bwyllog ac ystyriol, ei fod o'n cytuno efo pwy bynnag oedd wedi deud y dylid bwrw mlaen efo ymweliad y syrcas. Roedd yr holl... ddigwyddiadau annymunol yma wedi digwydd ers wythnosau, ac felly roedd dyfodiad y syrcas yn gwbwl amherthnasol i'r helynt. Hefyd, cosbi trigolion diniwed Treheli fyddai canslo digwyddiad yr oedden nhw'n edrych ymlaen gymaint ato. Daeth newid dros Richard Preis wedyn. Yn ddyn da yn ei hanfod, meddyliodd Edwin, roedd crybwyll cosbi trigolion diniwed yn rhywbeth oedd wedi cyffwrdd calon y maer. Doedd dim dwywaith amdani, roedd y syrcas yn mynd i gael dod i Dreheli fel arfer.

Cododd Edwin a mynd allan i'r cyntedd iasoer. Roedd Ann wedi deud erioed y byddai'n syniad iddyn nhw roi rheiddiadur yn y cyntedd, yn enwedig gan fod ganddyn nhw'r teils patrymog ar y llawr, teils hardd o'r 1920au oedd yn gwneud dim i gynhesu'r lle. Edwin oedd wedi ennill y dydd, ac roedd oerni'r lle wastad yn gwneud iddo deimlo'n oerach byth wrth gofio am fregustra'r fuddugoliaeth fach honno. Fe fyddai'n ffeirio'r teils am garped yn llawen am gael Ann yn ôl, meddyliodd.

Aeth at y gegin hefyd yn y tywyllwch, ond roedd y goleuadau o'r oergell a'r popty yn taflu rhyw wawr o olau oedd yn ddigonol iddo wneud beth oedd yn rhaid iddo'i wneud. Aeth ar ei gwrcwd ac agor y cwpwrdd o dan y sinc. Wedi ymbalfalu am ychydig, caeodd ei fysedd am y tun bach o baent oedd yn aros amdano y tu ôl i'r poteli hylif diheintio a'r poteli hylif golchi llestri. Safodd, a chodi'r ddesgil golchi llestri o'r sinc a'i rhoi o'r neilltu. Rhoddodd y tun paent bach yn y sinc, a chan godi llwy o'r drôr, dechreuodd lacio caead y tun efo'r llwy. Estynnodd am ddarn bach o bren oedd wedi ei osod y tu ôl i'r tapiau. Dechreuodd droi'r paent yn araf efo'r tamaid pren, fel troi te mewn cwpan.

Syllodd allan ar yr ardd, ar y llwyni llwydion a'r potiau blodau oedd yn disgwyl yn ddistaw am y gwanwyn. Doedd pethau byth yn hollol dywyll, meddyliodd. Hyd yn oed pan oedd rhywun yn meddwl na fyddai posib gweld dim ond düwch llethol, roedd modd ymgynefino cymaint efo'r sefyllfa fel bod llygaid neu ddychymyg rhywun yn medru adnabod ffurfiau cyfarwydd, a gweld y ffordd ymlaen. Ac roedd gweithredu yn y tywyllwch yn rhoi mantais enfawr i'r sawl oedd yn ddigon call i wneud hynny, yn rhoi'r fantais o fod yn anweledig, a medru symud dan gêl, heb fod neb yno i fusnesu nac i farnu.

Rhoddodd un tro bach arall i'r paent, ac yna gau'r caead yn ddigon tyn fel na fyddai'n colli'r cynnwys ar y daith. Yna gosododd y tun yn ofalus ar waelod bag Tesco reit gryf roedd wedi ei gadw'n bwrpasol y tu ôl i'r oergell. Aeth â'r bag drwodd i'r cyntedd a'i osod yn bwyllog ar y llawr teils wrth ymyl y drws ffrynt.

Edrychodd ar ei wats. Naw o'r gloch. Roedd yna gyfle o hyd y byddai ambell arwr yn mynd â'r ci am dro ar hyd strydoedd oer Treheli. Gwell fyddai disgwyl am ryw hanner awr, er mwyn gwneud yn siŵr na fyddai'n cyfarfod â neb.

Roedd cyrraedd y stafell fach dywyll yn rhywbeth yr oedd wedi ceisio ei ohirio ers oriau, yn y ffordd y mae rhywun yn ceisio gohirio unrhyw bleser er mwyn gorfod gweithio amdano yn gyntaf, yr hen syniad Methodistaidd o ddioddef cyn elwa. Safodd yno i ddechrau gan ymgynefino, fel yr oedd wedi ei wneud wrth symud o gwmpas gweddill y tŷ. Roedd y lein ddillad yn hongian o un pen y stafell i'r llall uwchben y baddonau dŵr bas oedd ar y bwrdd hir, a'r sgwariau bach o luniau yn drefnus ac yn llonydd ar y lein, yn aros amdano. Plygodd Edwin a tharo'r lamp fach ymlaen, gan adael i'r golau coch ffrydio drwy'r stafell efo'i wawr annaturiol. Aeth at un llun, a chraffu arno. Hwn oedd un o'i ffefrynnau. Roedd o wedi medru ei dal yn naturiol, yn edrych ychydig i ffwrdd oddi wrtho ond gan adael digon o'i hwyneb yn y golwg iddo fedru gweld y pryder yn ei llygaid tlws, i weld y meddyliau oedd yn rasio drwy ei phen. Wrth ei dal efo'i gamera, yn ddiarwybod iddi, roedd o wedi medru gweld y tu hwnt i'r wên annwyl ddiofal yr oedd yn ei chyflwyno i'r byd. Ond roedd o'n gwybod yn well, yn ei nabod yn well. Roedd hi angen rhywun fel fo yn ei bywyd. Ffrind. Fel roedd o ei hangen hithau.

Roedd ymhell dros hanner awr wedi pasio erbyn iddo ddychwelyd i'r cyntedd at y bag plastig a'r potyn paent wrth ymyl y drws ffrynt. Agorodd y drws, gan wneud yn siŵr ei fod yn ei gau mor ddistaw ag y medrai y tu ôl iddo.

Safodd am eiliad ac edrych i fyny ac i lawr y stryd. Doedd 'na neb o gwmpas, dim ond rhyw gath ddu yn eistedd fel putain ar gornel y stryd wrth y becws bach. Symudodd yn sydyn, ei gorff yn torri drwy'r aer oer. Doedd o ddim wedi disgwyl iddi fod mor iasol, ac ystyriodd am ennyd fynd yn ôl i roi sgarff o gwmpas ei wddw. Ond ymlaen yr aeth o, a diolch fod yr het a'r menyg yn gwneud eu gwaith yn reit effeithiol.

Safodd y tu allan i'r caban am funud ac edrych draw at y môr. Roedd yn dechrau codi'n wynt, meddyliodd, gan nodi les gwyn yr ewyn yn cyrlio ar frig ambell don fechan, a gwneud swˆn fel cusan wrth gyfarfod â'r traeth. Yn ofalus, rhoddodd y bag plastig i orwedd ar y llawr a thynnu'r tun paent allan ohono. Plygodd y bag plastig yn chwim a'i roi yn ei boced. Yna agorodd y tun paent, oedd wedi llacio erbyn hyn, a symud i gyfeiriad y caban, y tun yn ei law chwith a'r brwsh yn ei law dde. Cyffyrddodd y brwsh y cwarel cyntaf o wydr a dechreuodd ei orchuddio efo'r paent du.

PENNOD 17

Rita

CHYSGODD RITA PRIN ddim y noson honno. Teimlai'n anniddig drwyddi a doedd y bàth bybls a'r cylchgrawn sgleiniog wedi gwneud dim i wneud iddi deimlo'n fwy ymlaciol y tro yma. Pan aeth i'w gwely yn y diwedd, roedd geiriau Richard yn dod yn ôl i'w phlagio. Roedd ei ymateb llugoer i'r ymosodiad ar ei lein ddillad wedi ei siomi. Ac ia, ymosodiad oedd o, a dim arall! Doedd o ddim fel tasai o'n trio deall mawredd y ffaith fod rhywun wedi mynd i mewn i'w gardd hi'n fwriadol a gwneud y fath beth bygythiol. Ac roedd ei alwad ffôn wedyn wedi gwneud pethau'n waeth. Meddyliodd i ddechrau mai ffonio i ryw how ymddiheuro roedd o, er ei bod yn ddigon call i wybod mai trio braeanu'r tir ar gyfer ei ymweliad nesa i'w gwely oedd o. Ond wrth iddo simsanu a thin-droi am weddustra gwahodd y syrcas i Dreheli, roedd hi wedi colli mynadd yn llwyr.

Pan lwyddodd i gysgu, ar ôl mwy o droi a throsi, roedd y Noa yna wedi ymddangos fel rhyw ysbryd iddi, a'i lais main yn rhwygo ei dillad oddi ar y lein, a'u clymu'n gwlwm o gasineb. Yn ei breuddwyd roedd hi wedi rhedeg allan ato a dechrau gweiddi arno, ac yna, o nunlle, roedd ei mam wedi ymddangos o'r llwyni, a dechrau blagardio arni i adael llonydd i'r hogyn, doedd o ddim ond yn gwneud beth oedd pawb arall yn y dref eisiau'i wneud am fod pawb yn meddwl bod Rita'n haeddu pob dial am ei bod yn cyboli efo dyn priod.

Doedd hi ddim yn syndod i Rita felly mai'r peth cynta wnaeth hi ar ôl cael ei deffro gan ei llais ei hun yn gweiddi, 'Na! Cerwch o 'ma!' oedd mynd at y ffenest ac edrych i lawr ar yr ardd a'r bwgan brain o lein ddillad noeth. Roedd pob dim fel yr oedd o, cyn iddi gau'r byd allan drwy gau'r cyrtans neithiwr. Ceisiodd edrych i weld os oedd olion traed yn y glaswellt gwlyb i'w gweld o uchder ffenest ei llofft, ond doedd 'na ddim byd yn amlwg. Neithiwr oedd yr amser iddi fod wedi chwilio am y rheiny.

Roedd hi mor amlwg â het ar hoel mai Noa oedd yn gyfrifol am greu annifyrrwch a phoen meddwl i bobol Treheli. Cofiai bod yna ryw hen deimlad anesmwyth gan ambell un call pan gafodd Noa ei weld wedi dychwelyd i'r dref ar ôl bod i ffwrdd. Ond wedyn roedd yna ambell un arall oedd efo rhyw wythïen faddeugar yn rhedeg drwyddyn nhw, ac yn dadlau bod gan yr hogyn hawl i ddychwelyd i'w dref enedigol, a bod 'na ddim byd sicr wedi cael ei brofi o gwbwl yn ei erbyn beth bynnag. Gwyddai Rita ym mêr ei hesgyrn fod hynny ymhell o'r gwir, ond eto roedd ganddi ormod ar ei phlât yn y gwaith i fedru gwneud dim mwy am ei amheuon. A doedd o ddim yn helpu fod Richard i'w weld yn ddigon bodlon i gymryd gair yr awdurdodau am yr hogyn, a pheidio creu miri.

Penderfynodd Rita gymryd ei phaned a'i brecwast yn y llestri tsieina roedd ei mam yn eu cadw'n orau. Doedd gan Rita fawr i'w ddeud wrthyn nhw mewn gwirionedd ond roeddan nhw'n gain ac roedd ymyl tenau'r gwpan yn braf ar ei gwefus wrth iddi yfed. Ac roedd yn braf cael y rhyddid i'w mwynhau heb fod yna ryw achlysur o bwys.

Mentrodd golau egwan gaeafol drwy'r ffenest gefn gan

wneud i rimyn aur y llestri sgleinio. Drachtiodd Rita ddiferion olaf ei the, yna safodd ac estyn am ei chôt. Biti fod ganddi shifft reit hir heddiw yn y cartref, meddyliodd. Fe fyddai rhyw brynhawn bach yn mynd am dro neu'n stwna o gwmpas wedi gwneud iddi'n iawn. Ella y gallai hi fynd heibio'r caban am dro ar ei ffordd i'w gwaith, er mwyn teimlo ei bod hi wedi cael elwa rhywfaint o'r tywydd braf. A fyddai ddim yn beth gwirion iddi gael rhyw air bach efo'r Ceri 'na chwaith, iddi gael cofio pwy oedd y bòs ar y lle, a'i bod yn cadw llygad arni. Fyddai o ddim yn beth gwirion iddi hefyd i gael gair efo hi am Noa er mwyn iddi hithau fod yn ofalus ohono. Roedd y ddau wedi bod yn yr ysgol tua'r un adeg â'i gilydd, a chofiodd i Ceri gadw ei bart o pan ddaeth o'n ôl adra, a deud ei fod o wedi cael amser anodd a'i bod hi'n braf iddo fo gael dŵad yn ôl.

Er gwaetha'r haul roedd yr awel yn fain o hyd, ac roedd Rita yn falch ei bod wedi clymu'r sgarff *mohair* piws a phinc am ei gwddw cyn mentro allan. Anrheg gan Richard y Dolig cyn diwethaf oedd hi, ac roedd Rita wedi cael ei hun yn ei gwisgo pan oedd Richard wedi gwneud tro sâl â hi, er mwyn iddi atgoffa ei hun o'r manteision o fod yn cysgu efo maer oedd yn prynu pethau neis iddi hi.

Doedd yna ddim llawer o bobol o gwmpas adeg yma'r bore, adeg yma'r flwyddyn, ond roedd hi'n dal i feddwl ei bod hi'n werth iddi gadw drysau'r caban bach ar agor rhag ofn. Doedd y lle rioed wedi gwneud ffortiwn iddi, ond roedd ganddi feddwl o'r lle, am y rheswm mai hwn oedd yr anrheg mawr cynta a brynodd Richard iddi hi ar ôl iddyn nhw ddechrau caru o ddifri. Hi oedd wedi deud wrth basio rhyw noson, o weld yr arwydd 'Ar Werth' ar y lle ynghynt yn y diwrnod, y basai hi wrth ei bodd yn ei brynu a chael sgwaryn bach oedd yn perthyn iddi hi a neb arall. Talu rhent oedd ei mam wedi ei wneud am y byngalo bach ers i Rita gofio, a doedd hithau ddim mewn sefyllfa i fedru prynu'r lle iddi hi ei hun. Roedd y syniad o fod yn berchen ar ryw sgwaryn o Dreheli yn apelio, ond fyddai hi byth wedi medru fforddio'r chydig filoedd roedd y cyn-berchennog yn gofyn am y lle.

Doedd Rita ddim yn berson sentimental ond roedd y weithred garedig honno gan Richard wedi ei chyffwrdd i'r byw. Gwthio amlen i'w dwylo a rhuban pinc yn y gornel dde wnaeth o, a hithau'n methu dallt pam oedd yr amlen yn teimlo mor drwm. Wedi gweld y goriad, roedd hi wedi torri allan i grio, ac roedd Richard wedi ffwndro a meddwl ei fod wedi gwneud cam gwag yn lle'r cam mwya tyner roedd hi wedi ei dderbyn gan neb.

Arafodd ei cham wrth nesáu at y caban. Safodd a syllu arno – y bocs bach a'i ffenestri'n dduon, yn cyrcydu o'i blaen fel rhyw hen fwgan bach maleisus yn disgwyl ei dro i neidio allan a dychryn rhywun. Doedd hi prin yn ei nabod fel ei chaban hi. Trodd yn ei hôl a dechrau cerdded oddi yno i Duw a ŵyr lle, pan stopiodd a throi'n ôl i gyfeiriad y caban, a rhyw wylltineb yn llarpio drwyddi. Pa hawl...?

Gan nesáu at y drws, roedd Rita'n hanner disgwyl gweld bod olion torri'r clo, neu bod rhyw un ffenest wedi ei thorri i ganiatáu i rywun main sleifio drwyddi. Ond roedd pob dim i'w weld yn gyfan. Wrth lwc roedd goriad y caban ar ei bwnsiad hi o oriadau, ac agorodd y drws gyda chryn drafferth gan fod y pren wedi chwyddo yn yr oerni. Roedd y lle'n dywyll a dim ond y mymryn lleia o olau yn gwthio'n bowld rhwng y darnau oedd ddim wedi osgoi'r brwsh paent ar y ffenest. O'r hyn gallai weld, roedd pob dim arall fel y dylai fod, a'r til wedi ei gau yn daclus, a phob dim yn ei le. Diolch am hynny, meddyliodd Rita, ac eto fe newidiwyd y rhyddhad hwnnw yn fuan iawn i deimlad mwy anghyfforddus. Buasai lladrad yn haws i'w ddallt. Roedd yr aflonyddu a'r drygau maleisus yma'n fwy sinistr. Ac yn ffitio'r patrwm.

'Golwg, 'de!'

Doedd Rita ddim wedi clywed unrhyw un yn nesáu at ddrws y caban, felly mi neidiodd pan glywodd y llais.

Roedd Ceri yn sefyll yno efo bwced a mop, a golwg fel tasai wedi codi ers oriau arni, er ei bod yn ddigon blêr.

'Pwy sy 'di gneud rhwbath mor *creepy*, dwch?'

'Wel, d'wad ti wrtha i, Ceri!' meddai Rita, a gwthio heibio iddi nes ei bod yn sefyll y tu allan ar y palmant.

'Dwi'm yn gwbod, nac'dw!' meddai'r hogan yn ddigon pwdlyd, ond mi wnaeth ddifaru yn syth wedyn o'i golwg hi. 'Sgin i'm mwy o glem na chitha!'

'Ond dwi'n ama 'mod i'n gwbod, yli. Yn ama'n gry 'fyd. Sna neb arall rownd y lle 'ma fasa'n ddigon od i neud peth fel hyn, nag oes? Hyn a'r holl betha eraill sy 'di bod yn mynd ymlaen 'ma. Tydw i'm yn dwp, ac mi ydw i'n gwbod yn iawn be sy'n mynd ymlaen dan 'y nhrwyn i, yli!'

Edrychodd Ceri i lawr wedyn, a golwg digon annifyr arni hithau pan gododd ei phen wedyn a gofyn,

'Plant? Dach chi'n meddwl ma plant —?'

'Plant, o ddiawl! Ti'n meddwl 'sa plant yn mynd i draffarth i neud rhwbath fel hyn, Ceri? Wyt ti?'

Roedd golwg mymryn yn herfeiddiol ar Ceri wrth iddi ateb, meddyliodd Rita.

'Pwy 'lly? Pwy dach chi'n feddwl sy'n gneud?'

Cyn medru ei hateb fe ddenwyd llygad Rita gan ryw lipryn tal mewn hwdi tywyll ar yr ochr arall i'r stryd. Cododd ei law fain mewn cyfarchiad, a dal i sbio arnyn nhw wrth gerdded ymlaen.

Ac wedyn roedd Rita'n gweiddi, yn gweiddi allan ato, a'i llais yn sgubo fel gwylan ar draws y stryd wag.

''Dan ni'n gwbod!' Synnodd Rita ei hun drwy weiddi allan fel'na. ''Dan ni'n gwbod yn iawn, yli!'

Rhoddodd Noa ei ben i lawr eto a chyflymu ei gerddediad oddi wrthyn nhw, y gwynt yn gafael yn llodrau ei drowsus a gwneud iddyn nhw fflapian fel hwyliau.

'Noa?' gofynnodd yr hogan, a'i llais yn anghrediniol, fel tasai'n meddwl na fasai menyn ddim yn toddi yn ei geg o. 'Dach chi ddim yn meddwl ma —'

'Saff ti! Pwy ddiawl arall sy'n ddigon rhyfadd i neud ffasiwn beth, os nad ydi o'n rhywun o ffwr'? A ma pwy bynnag wnaeth yn nabod Treheli 'ma fel cefn ei law, y hi a'i phobol.'

'Ond fasa Noa byth yn —'

Torrodd Rita ar ei thraws.

'Dwi'm isio fo'n agos i'r lle 'ma, dallta. Ddim yn agos, chwaith. Ac os wela i chdi'n siarad efo fo'n fan'ma, wel, wel, mi golli di dy job, 'mechan i! Ti'n dallt?'

Roedd y gnawas wirion a'i gên yn dechrau crynu, ei gwefusau'n gwneud rhyw hen siâp babïaidd gwirion. Am embaras! Doedd gan Rita ddim amynedd efo'i chwafars hi heddiw, o bob diwrnod.

''Ŵan... 'ŵan, caria mlaen efo'r bwcad a mop yma i lnau'r stwff du 'na i ffwrdd, wnei di? Mi fydd pobol yn dechra codi o'u tai yn o fuan. A ma gin inna waith i neud!'

Pan drodd Rita yn ôl ac edrych ar y caban ar ôl cerdded rhyw hanner canllath, roedd Ceri eisoes wedi dechrau efo'r mop.

Noa

CODODD HAID o adar oddi ar y llawr wrth i Noa nesáu at y caffi, a hedfan fry. Stopiodd Noa ac edrych arnyn nhw'n symud yn gwmwl perffaith efo'i gilydd, yn troi yma a thraw mewn undod, tan iddyn nhw ddiflannu'n glwstwr o atalnodau i'r pellter.

Mi fasai'n braf medru codi fel'na, codi'n uwch ac yn uwch, a medru edrych i lawr ar Dreheli. Cachu am ben ei thrigolion. Neu rai ohonyn nhw beth bynnag. A doedd dim rhaid iddo drio dyfalu'n hir pwy fasai'r targed cynta chwaith.

Roedd o'n dal i grynu ers gynnau, ei galon yn dal i stwyrian yn annifyr yn ei frest, yr hen deimlad anghyfforddus piwis yr oedd wedi hen arfer efo fo erbyn hyn, er doedd o ddim wedi ei deimlo mor gryf ers tro, chwaith.

Pwy ddiawl oedd hi'n feddwl oedd hi? Y ddynas yna efo'r masg o golur oedd yn meddwl ei bod hi'n well na phawb arall! Roedd hi mewn proffesiwn oedd i fod yn un gofalgar, yn un oedd i fod i ofalu am bobol eraill, gorff ac enaid. Yn lle hynny roedd hi'n meddwl bod ganddi hi'r hawl i siarad efo fo fel tasai o'n faw ar ei sawdl. Ond roedd hi ar y stryd, o flaen y caban, a Ceri yn sefyll wrth ei hymyl hi, jyst yn sbio... Be uffar oedd wedi achosi hynny? Gweiddi fatha rhyw *banshee* arno, a'i rybuddio fel'na! A be oedd Ceri i fod i feddwl ohono fo? Oedd y blydi metron yna wedi perswadio Ceri hefyd mai rhyw foi i weiddi arna fo oedd Noa, a dim byd arall? Rhywun oedd rywsut yn haeddu cael ei bledu efo geiriau ar draws stryd oer?

Tynnodd un o'r cadeiriau plastig wrth y drws a sodro ei hun arni, gan syllu allan ar y llain fowlio wag. Doedd hi ddim yn amser i Dafina gyrraedd eto, ac er ei fod wedi cael y goriad unwaith neu ddwywaith i agor y caffi os oedd Dafina'n gorfod mynd ag un o'r plant at y doctor neu rywbeth felly, at ei gilydd roeddan nhw yn llwyddo'n iawn efo un goriad, a gan Dafina oedd hwnnw. Roedd hi'n brafio, a'r haul yn gwneud i'r llain edrych yn wyrdd braf, er bod Noa yn gwybod siort ora y byddai rhoi un droed ar y glaswellt yn datgelu bod y lle'n socian dan draed ar ôl yr holl law. Gwlybaniaeth brown yn llechu dan arwynebedd perffaith wyrdd.

Wnaeth o ddim sylwi ar y twmpath oedd yn swatio yng nghornel bella'r dec bach, y tu ôl i'r byrddau a'r cadeiriau plastig. Felly pan siaradodd y twmpath, neidiodd Noa ar ei draed a sgrechian.

'Asu, cŵl 'ed, myn uffar i, mond helô ddudish i!'

Roedd y pen yn gwthio allan o hwd y gôt, yn ddigon i Noa fedru ei nabod. Ond dim profiad o ryddhad oedd hynny iddo chwaith. Doedd o ddim wedi siarad llawer yn uniongyrchol efo Mart erioed, heb i Ceri fod yno hefyd, ond roedd ei bresenoldeb yn un oedd yn peri anesmwythyd. Roedd gan Noa ddigon o brofiad erbyn hyn i deimlo os oedd o ym mhresenoldeb rhywun bygythiol ai peidio, ac roedd holl osgo Mart yn ei roi yn y categori hwnnw, heb os.

'Ti am agor 'ta? Mae'n blydi rhewi allan yn fan'ma!'

'Fedra i ddim.'

'Y?

'Dim fi sgin y... Dafina. Fydd hi yma'n munud. Fydd hi'm yn —'

'Shit.'

Crebachodd Mart i fewn i blygion ei gôt unwaith eto, fel bod prin dim o'i wyneb yn y golwg. Roedd yn atgoffa Noa o grwban, er bod Noa'n reit hoff o grwbanod at ei gilydd.

'Sori,' meddai Noa, ac wedyn difaru deud hynny, gan nad arna fo oedd y bai o gwbwl. Mor hawdd oedd y gair yn ymddangos mewn argyfwng, meddyliodd, fel tasai'r holl oriau o sesiynau cwnsela erioed wedi digwydd efo Joe, y gweithiwr achos yn yr ysgol. Cliriodd ei wddw fymryn a siarad wedyn efo mwy o awdurdod.

'Ty'd yn ôl, pan 'dan ni 'di agor. 'Dan ni'n gneud bechdan bacwn ne sosej yn strêt ar ôl i ni agor, felly fyddi di'm yn gorfod aros yn hir.'

Ond dechrau rhyw chwerthin yn ysgafn wnaeth Mart, rhyw hen chwerthin efo tro yn ei gynffon o.

''Di meddwl am ryw banad boeth a bechdan gin ti 'wn i, yli. Presant bach, 'lly. Am bo chdi'n nabod Ceri.'

'Yn yr ysgol efo hi,' meddai Noa yn ddistaw, heb wybod beth arall i'w ddeud.

''Na chdi, yli. Yn union, 'de, mêt. Hynna'n mynd yn bell, dydi? Pan ti'n rysgol efo rhywun. Cofio amdanyn nhw, 'de. Sticio efo'ch gilydd.'

Camodd Noa yn ôl ac edrych i fyny'r llwybr bach i gyfeiriad y giât lle byddai Dafina yn dŵad i mewn o'r lôn. Doedd dim golwg ohoni. Trodd yn ôl at Mart, oedd yn dal i edrych arno'n wên i gyd.

''Dan ni'm yn gneud lot o broffit,' meddai Noa. 'Fedran ni ddim rheid bwyd allan am ddim, na fedran?'

'Na fedrwch siŵr, mêt, dallt hynny, dydw? Ond peth ydi...

Ti'n gwbod sut ma'i. Dwi'm 'di cysgu'n nunlla call neithiwr, a… wel, dwi'm 'di bwyta nac yfad dim byd ers oria, yli, ac o'n i'n meddwl ella…'

Edrychodd Mart oddi wrtho ar y llwybr bach eto, a doedd o rioed yn fwy balch o weld Dafina'n tacio dŵad, a'i bag yn ei llaw efo'r llefrith a'r bocs pres ynddo.

'Ma Dafina'n dŵad rŵan,' meddai, ac roedd hi'n anodd cuddio'r rhyddhad, fel yr oedd yn anodd i Mart guddio'r rhwystredigaeth o'i lais yntau.

'O, grêt!' mwmiodd hwnnw.

Cyrhaeddodd Dafina o fewn eiliadau, a'r goriad yn barod yn ei llaw. Aeth at y drws a dechrau'i agor, a'i hanadl yn gymylau ar yr aer.

'Haia, Noa, ti'n iawn? Dwi'm yn hwyr, nac'dw? Ers faint ti'n…?'

Ac yna sylwodd ar Mart, oedd wedi codi o'i gwman ac yn ymestyn ei ddwylo yn yr awyr fel tasai wedi sgorio gôl.

'*Jeez!* Be ddiawl ma hwn yn neud 'ma?'

'Jyst 'di dŵad i fochal am bum munud o'r oerni, Dafina. Iesu, sdim isio panicio!' atebodd Mart.

'Wel, gei di fynd rŵan, cei? 'Di'm yn bwrw na dim, nac'di? '

Rhythodd Mart arni, yna troi ei olygon at Noa, a'i lygaid yn meddalu fymryn.

'Ar… arna fi banad iddo fo.'

'Y?'

'Oes, ers tipyn. Wna i honna rŵan yli, cyn dechra'n iawn. Ocê? Coffi, ddudest ti, ia, Mart?'

'Grêt, mêt. Coffi, tri siwgwr ia, boi? A paid anghofio'r fechdan becwn yna sy arnach chdi i mi 'fyd, ia?'

Nodiodd Noa, a mynd drwadd i'r cefn, gan wrando ar Dafina yn symud pethau'n ddiamynedd ar y cownter.

Torrodd Noa'r bara yn chwim efo'r gyllell ar ôl gosod yr haenau o gig moch seimllyd ar draws y bara gwyn a'r marjarîn. Roedd wedi taenu hwnnw'n dew, yn drwch tew o hen felyn artiffisial, a'i flas yr un mor annaturiol. Ond dyna oedd yn cadw orau, yn ôl Dafina, ac yr oedd yn rhatach na menyn iawn. Edrychodd ar y ddau driongl bach taclus ar y blât, a saim y cig yn bochio allan o'r ymylon. Taflodd olwg sydyn wedyn i gyfeiriad y caffi ei hun, lle roedd Dafina wrthi'n codi darn o deisen o dan y *cloche* fawr wydr ar y cownter. Yna, heb feddwl gormod am y peth, agorodd Noa y frechdan eto a dinoethi'r cig, ac yna gadael i lafoer fawr wen ffrothlyd ddisgyn o'i geg arno fel darn o les. Gyda'i fys, gwthiodd y glafoer i grombil y frechdan, cyn rhoi'r clawr bara yn ôl arno drachefn.

Golchodd ei ddwylo yn sydyn dan y tap, a'u sychu, cyn camu drwy'r llenni amryliw ac yna allan at Mart efo'r blât.

Ceri

SAFODD CERI YN ôl a syllu ar ei gwaith caled. Roedd hi wedi bod wrthi fel fflamia, a'r chwys yn gorwedd yn berlau ar ei thalcen, ei bochau yn writgoch. Ac roedd wedi talu ei ffordd, gan fod y ffenestri'n ôl yn loyw lân. Ceisiodd berswadio ei hun mai da o beth oedd hynny, achos roedd y teimlad ei bod wedi treulio'r awr ddiwetha'n llnau gweithred ddrwg rhywun arall yn gwneud iddi deimlo bron yn sâl.

Eisteddodd ar y wal isel, troi ei phen a sbio allan ar y dŵr, yn llonydd a chyfrinachgar, yn gweld popeth ac yn deud dim. Mi fasai pethau wedi gallu bod yn waeth, wrth reswm. Tasai Mart wedi cael ei ffordd fe fyddai'r ddau ohonyn nhw'n dal i bendwmpian yn hanner noeth yn y caban bach pan gyrhaeddodd Rita. Doedd o ddim yn poeni amdanyn nhw'n cysgu yn rhywle doeddan nhw ddim i fod. A pham oedd Rita wedi galw, beth bynnag? Doedd hi ddim yn gwneud hynny'n aml, a byth ben bora fel'na. Tasai hi wedi cyrraedd hanner awr go dda yn gynt fe fyddai hi wedi'u dal nhw wrthi. Yn gwthio yn erbyn ei gilydd, ac yn tuchan. Nid caru fasai hi'n ei alw fo. Doedd 'na fawr o bleser wedi bod iddi hi. Mart oedd yn mynnu. Deud y basa fo'n laff, yn shagio ynghanol y crancod plastig a'r swfenîrs. Ond roedd hi wedi cadw ei phen ar un ochr drwy'r peth i gyd, ei llygaid wedi'u serio ar y drws, yn gwrando am rywun yn pasio ar y pafin, yn disgwyl i'r byd sbecian i mewn a'u clywed. A'u gweld!

Sylwodd hi ddim ar y ffenestri duon tan i'r nos ddechrau cilio'n ôl, ac ildio'i le i'r golau dydd oedd yn mynnu gwthio ei ffordd rownd ymylon y ffenest fel bysedd powld.

'Byth eto, Mart. Byth eto yn fan'ma, ocê?'

Chwerthin wnaeth Mart, chwerthin a thanio ffag, er ei bod hi wedi gofyn iddo fo beidio achos yr ogla mwg. Roedd o'n corddi Ceri bod yr holl beth jyst yn un jôc fawr fudur iddo. Ond ddywedodd hi ddim byd arall wrtho. Roedd hi'n dal i fedru teimlo asgwrn ei fysedd yn cau am ei gên, y tsips yn dywod i gyd wrth ei thraed.

'A heno?' roedd hi wedi gofyn, wrth iddo fo baratoi i fynd, a synau'r dref yn dechrau stwyrian o'u cwmpas nhw. 'Be wnân ni heno 'ta, Mart?'

'Sortia i wbath. Arna cwpwl o bobol *favours* i mi. Fyddan ni'n ocê, biwt. Gaddo, ocê?'

Doedd ei eiriau ddim llawer o gysur iddi. Roedd ei geg wedi troi'n hyll wrth iddo ddeud y gair *'favours'*, rhywbeth rhwng sgyrnygu a gwenu, yn symud mewn ffordd doedd hi ddim wedi ei weld o'r blaen. Roedd yn gwneud iddo fo edrych fel dyn diarth.

'Dy feddwl di'n bell?'

Roedd Edwin Parry wedi dŵad i eistedd drws nesa iddi ar y wal, a'i gap llongwr wedi ei dynnu'n dynn am ei glustiau, er bod hanner isaf pob clust i'w gweld o hyd, yn frown fel darnau o ledr.

'Mmm? Bechod 'swn inna 'fyd. Yn bell o 'ma.' Daeth y datganiad o nunlle, fel tasai wedi bod yn llechu yno heb iddi wybod, yn disgwyl ei gyfle.

'Ew! Be sy, 'lly?'

'O, dwn i'm!' Roedd hi'n difaru siarad, ac eto roedd hi'n deimlad reit braf, medru siarad fel hyn efo rhywun fel Edwin. 'Isio blydi mynadd rownd lle 'ma, does? Yn enwedig dyddia yma.'

'Yn gaea, ti'n feddwl?'

'Naci.' Daliodd ymlaen i sbio allan ar y môr. Roedd niwl yn rowlio i mewn am y tir, ac roedd ychydig o gychod allan o hyd, a'u bwiau lliwgar fel balŵns ar wyneb y dŵr, eu mastiau a'u fframiau'n clincian yn yr awel. Fel tasai'r pysgod 'di cael parti ac wedi anghofio clirio ar eu holau, meddyliodd Ceri. Ond rhywsut roedd hynny'n gwneud iddi deimlo'n fwy digalon.

Yn sydyn, trodd i wynebu Edwin.

'Edwin, pwy dach chi'n feddwl 'di'r ffycin crîp 'ma sy'n mynd rownd y lle'n gneud petha od rownd y dre 'ma?'

Sbio ar ei draed wnaeth Edwin wedyn, a sgyffio rhyw garreg o'r ffordd efo'i droed. Edrychai'n annifyr i gyd, ac roedd Ceri yn poeni ei bod wedi deud rhywbeth i'w yspetio. Ella bod o'm yn licio clywed rhegi, meddyliodd. Ond ei hateb wnaeth o yn y diwedd.

'Anodd deud tydi, Ceri? Anodd iawn dallt meddwl rhywun fel'na. Do's wbod.'

'Be neith o nesa, 'lly? Dyna sy'n poeni fi!'

'Wel ia,' atebodd Edwin. 'Dyna'r peth, 'de? Do's wbod, nag oes?'

'Nago's,' cytunodd Ceri.

Eisteddodd y ddau heb siarad am ychydig, a sŵn tref yn deffro yn chwyddo o'u cwmpas.

'Ne hi,' awgrymodd Edwin wedyn, a sylwodd Ceri ar yr hanner gwên oedd yn chwarae ar ei wefusau.

'Boi 'di o, saff chi,' meddai Ceri, gydag awdurdod. ''Di hyn ddim yn steil dynas. Dwi'm yn meddwl, eniwe. 'Sa dynas fwy am ddeud yn blaen, ne gneud rhywbeth mwy amlwg. A pha ddynas fasa'n licio mynd o gwmpas yn twllwch yn gneud y petha 'ma beth bynnag, 'de!'

'Pam ti'n meddwl am hynny heddiw?' gofynnodd Edwin iddi.

'Mae o 'di bod wrthi eto. Yn y caban tro 'ma!'

''Di torri mewn?' gofynnodd Edwin, a'i ben fymryn ar un ochr.

'Gwaeth mewn ffordd. Wel, mwy crîpi, 'lly! Wnaeth o beintio'r blydi ffenestri'n ddu! Pob un ohonyn nhw! Dyna be dwi 'di bod yn neud rŵan. Eu cael nhw'n lân.'

'Ew, tybad?' meddai Edwin yn ôl. Estynnodd am baced o sigaréts o'i boced dop a chynnig un i Ceri. Gwrthododd.

'Peth rhyfadd i neud 'fyd, 'de?' meddai Edwin ar ôl ysbaid, gan dynnu ar ei sigarét. 'Be oedd yn ei ben o, d'wad?'

'Boi efo chwinc os dach chi'n gofyn i fi, Edwin. Lwcus chaethon ni'm —'

'Be? Chaethoch chi'm be?'

'Dim.'

Atebodd Edwin mohoni, a dechreuodd hithau deimlo'r gwlybaniaeth oer o'r wal yn treiddio i'w phen ôl. Safodd ar ei thraed, a brwsio ei thin a chefn ei choesau efo'i llaw.

'Eniwe, gin bobol 'tha chi a fi betha pwysicach i neud na wastio amsar ar ryw grinc rhyfadd fel'na, does, Edwin?'

'Ond be os 'di o'n beryg?' meddai Edwin yn sydyn, yn frysiog. Edrychodd Ceri arno.

'Peryg?'

Daeth chwa o wynt a gafael am ei gwar, yr oerni'n gwasgu, gan godi croen gŵydd arni.

'Ia, y boi 'ma. Ne pwy bynnag. 'Dan ni'm yn gwybod ei hyd a'i led o, nac'dan? A be neith o nesa?'

Aeth Ceri yn ôl i eistedd ar y wal am funud. Roedd rhywbeth yn corddi'n sicdod yng ngwaelod ei bol.

'Be, brifo rhywun dach chi'n feddwl, Edwin?'

'Ma'n bosib, tydi? Ne waeth.'

Eisteddodd y ddau mewn distawrwydd, a gallai Ceri deimlo'r posibiliadau yn symud rhwng y ddau ohonyn nhw, fel ysbrydion.

'Cadw'n tŷ efo'r drws ar glo ydi'r peth calla dyddia yma, os ti'n gofyn i mi. Cadw o ffordd. Yn enwedig gyda'r nos. Ma Treheli'n braf, ond ti'n gwbod cystal â finna faint o gilfacha a chorneli bach tywyll sydd 'ma pan mae'r haul 'di mynd lawr.'

Dal ei thafod wnaeth Ceri i ddechrau. A meddwl amdani'n crwydro strydoedd Treheli a'r nos yn cau amdani rownd pob cornel, yn cau fel dwrn.

Wnaeth hi ddim disgwyl y dagrau'n pigo yng nghorneli ei llygaid, yn casglu'n euog yno. Tasai hi heb sniffian ella fasa Edwin ddim wedi sylwi. Ond sylwi wnaeth o.

'Hei, ti'n iawn?'

Nodiodd Ceri yn egnïol, a gwenu, ond perodd i'r ystum i'r dagrau redeg i lawr ei boch, fel petaen nhw wedi cael caniatâd i lifo. Rhwbiodd nhw i ffwrdd yn ffyrnig efo cefn ei llaw, ond roedd hi'n rhy hwyr.

'Paid ag ypsetio dy hun, Ceri bach!'

Edrychodd ar Edwin mewn syndod. Roedd o'n siarad efo'r fath dynerwch.

'Do'n i ddim yn meddwl dy ddychryn wrth ddeud hynna. Cadw adra a chloi'r drws. Dyna'r cwbwl.'

Ceisiodd Ceri fygu beichiad arall rhag ymwthio ohoni, ond roedd o wedi magu ei nerth ei hun.

'Ond, ond... be os... os sgynnoch chi ddim drws, Edwin?'

'Sori, dwi'm cweit yn dy —'

'Hômles. Sgynnon ni'm… 'Di ca'l cic owt o soffa ffrind Mart. Fan'ma. Ssshh, plis peidiwch â deud, na newch? Ne mi wneith Rita —'

'Be, fan'ma oeddach chdi'n cysgu neithiwr?'

Roedd ei lygaid fel soseri, a theimlodd Ceri embaras i ddechrau, yn ymgripio i fyny ei gwddw fel madfall. Wedyn dechreuodd ddifaru. Roedd hi wedi deud gormod, wedi rhannu gormod o dameidiau ohoni hi ei hun.

'O, Ceri bach! Yn y fath dywydd!'

'Ia, ond plis, plis peidiwch â deud. Os ffendith Rita —'

'Dduda i ddim gair, Ceri. Dwi'n gaddo,' meddai Edwin, a gwenu arni fel tasai'n ffrind mawr iddi. 'Ti 'nhrystio fi, dwyt? E?'

Nodiodd eto. Teimlodd Ceri law Edwin ar ei llaw hithau am eiliad, yn rhyfeddol o gynnes, a'r gwres fel tasai'n mynd drwy ei chroen hi fel lectrig. Yna tynnodd ei law i ffwrdd a chodi i adael.

'Wbath fedra i, rwsut fedra i helpu, Ceri,' meddai, a gwenu'n glên arni cyn mynd ymlaen ar ei siwrnai.

Dyn neis, meddyliodd Ceri, a theimlo rhyw fymryn bach gwell am y byd, a'i lle hi ynddo.

Richard

O'I SAFLE GER y llain werdd braf a fwriai i lawr at y traeth caregog, gallai Richard weld y dref. Drwy len y niwl a lithrai i mewn o'r môr, gallai rhywun yn hawdd feddwl mai tref dylwyth deg oedd Treheli. Roedd meindyrau'r tai mwyaf ar y bryn yn ymestyn yn urddasol tuag at yr awyr, y tai llai wrth ymyl y dŵr yn swatio fel plant bach lliwgar yng ngyddfau'i gilydd. Doedd o ddim yn medru gweld y strydoedd culion yn nadreddu o lle oedd o'n sefyll, ond roedd o'n medru eu gweld nhw'n iawn hefyd, ar ganfas ei ddychymyg.

Chwarddodd, a thynnu ei gôt laes yn dynnach amdano. Roedd yr hogyn bach breuddwydiol yno o hyd yn rhywle, meddyliodd, a'i ben yn y gwynt, yn llawn cynlluniau a straeon anhygoel. Er y byddai ei fam yn ei geryddu am fod â'i ben yn y cymylau, rhyw gerydd ysgafn fel anwes oedd o. Ganddi hi roedd o wedi etifeddu'r nodwedd honno, doedd dim dwywaith am hynny. A'i gwallt melyn a'i bochau cochion iach, roedd ei natur freuddwydiol hithau wedi ei harwain i weld y gorau ym mhawb, i gredu pob gair caruaidd a daflwyd ati. Ond doedd hynny ddim wedi medru ei chwerwi chwaith. Roedd wedi cadw'r un natur annwyl ac wedi dal i ymddiried yn y byd a'i bobl. Ac roedd hi'n credu ynddo fo, yn fwy na neb. Doedd hi ddim am i'w statws hi fel mam sengl sefyll yn ffordd ei huniganedig. Be fasai hi wedi'i ddeud o'i weld o rŵan? Yn faer ar ei dref dylwyth teg ei hun.

Perodd i ryw chwa fwy iasol o wynt wneud iddo edrych ar ei wats. Ble oedd hwn? Doedd Victor Mainwaring ddim yn ddyn oedd yn trefnu ei fywyd wrth y cloc fel pobol eraill, ond roedd o wedi deud yn sicr y byddai'n medru bod yma erbyn un ar ddeg. Fyddai rhyw bum neu ddeng munud ddim yma nac acw i Richard fel arfer, ond gan fod yn rhaid iddyn nhw gyfarfod allan yn yr oerni i drafod union safle'r syrcas, roedd o'n gwneud gwahaniaeth mawr.

Ar y sgwaryn glas yma fyddai'r syrcas yn cael ei chynnal bob tro, ond roedd yr union safle yn amrywio. Weithiau fe fyddai'n nes at y môr, dro arall yn y pen pella, yn agosach at y dref. Roedd tywydd y diwrnodau cyn dyfodiad y syrcas yn rhan allweddol o'r penderfyniad. Os oedd hi wedi bod yn dywydd go wlyb, a'r tonnau wedi bod yn sgubo'n ewyn cynddeiriog dros ben y wal, doedd dim diben gosod yr un dent yn agos at y dŵr. Er bod yna ddrysau mawr metel wedi cael eu gosod ar hyd y wal, fesul pum metr, er mwyn arbed Treheli rhag troi yn Gantre'r Gwaelod, doedden nhw ddim yn mynd i stopio unrhyw don wirioneddol benderfynol rhag torri drostynt. Edrychodd Richard ar ei draed a phwyso blaen un esgid ledr ddu ar y glaswellt. Lledodd dŵr brown dan ffurf ei esgid ymhen dim.

Cododd ei ben a gweld Victor Mainwaring yn tacio tuag ato, yn pwffian fel hen stemar.

'Mr Preis, I do apologise. Drwg gen i, drwg iawn gen i. Unavoidable business, such is the way of a busy man, Mr Preis, such is the way.'

Un wedi ei eni a'i fagu ym Mangor oedd Victor ac felly roedd y Gymraeg yn llechu dan bob brawddeg ganddo, ac yn amlygu ei hun yn amlach mewn adegau o greisis neu emosiwn. Roedd ei het borc pei wedi cael ei thynnu'n dynn iawn dros ei glustiau, yn gwneud ei gwaith fel het go iawn y tro yma, yn hytrach na fel arwydd o statws a sioe. Roedd ei gôt yn ymestyn i lawr at y llawr, gan mai un byr oedd Victor, a fedrai Richard ddim peidio sylwi ar ryw staen gwyn oedd yn ymestyn fel broets ar y llabed.

'Trafferth efo'r trapeze artist heddiw, Mr Preis. Wedi cael touch of the dicky tummy, os dach chi'n 'nallt i, a hwnnw hen beth annifyr when you're up swinging in the gods, fel 'sach chi'n medru meddwl. Ond ma hi'n dipyn o drama queen, so you can imagine the traffarth! Dwi'n meddwl weithia, chi, 'sa well 'swn i 'di mynd yn librarian bach mewn rhyw le fatha Treheli 'ma a meindio 'musnes fy hun a chael bywyd distaw fatha chi! Ond 'na fo. The pull of the crowd enillodd, 'de. A faswn i'm yn swopio efo neb if it came to that. Showman dwi, 'de, a hynny 'di sgwennu fatha roc nymbar 8 tu mewn i mi!'

Cymerodd Richard ato. Doedd o ddim yn licio cael ei gategoreiddio fel rhywun distaw, di-ddim, oedd yn byw mewn rhyw dref fach gysglyd. Biti na fyddai wedi gwisgo ei tsiaen faeryddol.

'Mae 'na betha mawr 'di bod yn digwydd yn fan'ma hefyd, Mr Mainwaring, petha mawr iawn 'fyd.'

Cododd Victor Mainwaring ei aeliau, a sylwodd Richard am y tro cynta mai wedi cael eu peintio efo pensil oeddan nhw, oedd yn gwneud i'w wyneb edrych fel dwmi mewn siop ddillad.

'Mae 'na rywun yn mynd rownd y dre 'ma, yn gneud petha rhyfadd. Yn prowla.'

'What kind of petha rhyfadd?' Roedd Victor yn gegrwth erbyn hyn a'r llygaid cyraints bach yn ei ben yn pefrio efo drama'r datganiad.

'Pob math o betha od. Sgynnoch chi ddim syniad!' meddai Richard, yn dechrau cynhesu at ei bwnc. ''Dan ni 'di cael cyfarfod mawr i drafod y peth a phob dim.'

Synhwyrodd fod diddordeb Victor Mainwaring yn dechrau pylu. Dyn Big Top oedd o, nid dyn cyfarfod.

'Deud y gwir wrthach chi, roeddwn i rhwng dau feddwl i ganslo'r syrcas eleni,' mentrodd, ac edrych ar y llygaid cyraints yn sgleinio o'r newydd. 'Meddwl fasa pobol ddim yn yr hwylia i ddŵad i weld rhyw firi a rhyw sŵn a ballu, 'te? Meddwl ella bod pobol yn meddwl basan ni'n ansensitif!'

Mentrodd Victor Mainwaring roi ei fraich ar ysgwydd Richard, mewn ystum o solidariti. Ond gan fod Richard gryn lathen yn dalach nag o, mi wnaeth ailfeddwl, a tharo cefn ei gyfaill newydd, gan syllu i lygaid Richard gyda thaerineb gweinidog pantomeim.

'Ond ar moments like this ma rhywun angen syrcas yn fwy nag erioed, Mr Preis! Pa well... pa well balm i'ch enaid chi than a display of sound and colour to rival anything you'll see in any corner of the globe! Escapism! Bobol bach, os 'dan ni ddim yn medru dengid mewn amsar anodd, Mr Preis, we'd all be in the —'

''Dan ni...' Cywirodd Richard ei hun. '... mi rydw i wedi penderfynu ma mynd ymlaen wnawn ni, Mr Mainwaring. Mi fydd yn gyfle i bawb anghofio, i bawb fedru ymlacio tipyn bach ar ôl straen yr wythnosau dwetha 'ma.'

'Quite so!' meddai Victor, gan nodio mewn ffordd oedd yn atgoffa Richard o ryw degan mwnci bach mewn bocs gwydr roedd wedi ei weld ryw dro ar drip ysgol Sul i Rhyl.

Mewn un symudiad slic, daeth Victor Mainwaring â phad sgwennu bach gloyw o boced ei drowsus, a phensil bach wedi cael ei roi yn sownd ynddo â llinyn llwyd budr.

'Rŵan 'ta, Mr Preis. Well i ni ddechra sortio lle ma pob dim yn mynd, ia? Ac on last year's terms 'run fath dwi'n cymryd?'

Dros ysgwydd Victor wrth iddo siarad, gallai Richard weld rhyw ffigwr tryloyw yn llithro'n sidanaidd yn y pellter, yn siffrwd symud ar hyd y promenâd, ei phen wedi ei droi i gyfeiriad y tonnau. Cododd ei breichiau ryw fymryn wrth symud, fel tasai'n mynd i gofleidio rhywun. Doedd neb arall yno. Bron na allai Richard feddwl mai cwmwl o niwl o'r môr oedd wedi sgubo i mewn, i stelcian fel anadl gwyn o gwmpas corneli bach cul y dref.

Isabella

Anadl. Anaaaadl. Mae'r anadl yn wyn, wyn, yn sgubo o'r môr ati, yn gafael amdani ac yn sibrwd. Yn wyn fel ffrog briodas. Les. Mae hi'n licio'r les er ei fod o'n crafu, crafu ar ei chroen hi weithiau, yn crafu fel gwinadd.

Étendrez…

Mae hi'n ymestyn allan ato fo, ac mae o'n brysio i'w chyfarfod hi a'i gau yn ei freichiau. Y niwl 'ma. Yr anadl gwyn sydd yn les.

Mae'r dŵr yn gwneud sŵn sws glec wrth daro'n erbyn waliau'r cei. Slap o sws. Sws glec a lipstig.

Misio lipstig, Mam. Medda Idris. Idris bach a'i geg o'n siâp sws ac isio mwytha gin ei fami. Idris. Idris. Blas lipstig ar ei enw bach o. Misio. Misio.

Ssssh! Wrth ymestyn ymlaen mae Isabella'n clywed rhywbeth. Ei enw'n oer rhwng y tonnau.

Idris. Idriiiiiiis. Lle wyt ti, 'ngwash i? Lle wyt ti?

Yna mae o. Allan yn fan'na mae o, siŵr iawn. Ym mreichiau oer y tonnau. Yn aros amdani hi. Yn disgwyl am y sws glec oer sydd wedi bod yn barod amdano fo. Yn aros amdano fo o'r diwrnod hwnnw. O'r diwrnod wnaeth o fynd. 'Machgan i. 'Machgan bach i. Yr hogyn mawr sy'n hogyn bach i Mami.

Ssssh! Ar flaena'i thraed. Mae hi'n ymestyn ymlaen, ar flaena'i thraed. Yn llithro'n nes.

Glissez… Gliiissseeez… yn llithro ato fo fel anadl. Anadl yn chwilio am anadl. Mam yn chwilio am ei Idris bach. Ei dwylo ar led, a'i chalon yn llamu ymlaen ato fo.

'Hei! Gofalus! Dach chi'n iawn?'

Llais a geiriau pigog, fel bachyn yn ei llusgo'n ôl at y lan. Oddi wrtho.

Edwin

Tywalltodd Edwin gynnwys ei stumog dros ben y wal ac i'r dŵr, a gwylio'r conffeti llysnafeddog yn nofio fel slefren fôr ar yr wyneb. Sychodd ei geg â'i hances, a thaflu golwg lechwraidd yn ôl i gyfeiriad y swyddfa. Doedd dim golwg o neb, wrth lwc, ac roedd y niwl o'r môr yn help i'w guddio.

Doedd o ddim wedi disgwyl hynna. Ar ôl bod yn siarad efo Ceri roedd ei feddwl a'i galon yn rasio. Gallai deimlo llyfnder croen ei llaw dan arwedd ei fysedd o hyd, teimlo'r cyfeillgarwch rhyngddyn nhw'n chwyddo. Roedd pethau'n mynd fel wats, y syniad gwallgo ynghanol yr oriau du yn edrych yn bosib, a ddim hanner mor wallgo ac afreal yng ngolau dydd.

Ac eto doedd o ddim wedi disgwyl y dagrau. Y braw gwyn oedd yn ei llygaid wrth feddwl am bresenoldeb tywyll yn y cysgodion. Doedd o ddim wedi disgwyl iddi agor ei chalon iddo mor rhwydd, a rhannu'i chyfrinachau mor hael efo fo. Ei drystio fo. Ei drystio fo'n llwyr. Ac roedd o fel tasai rhywun yn rhoi rhyw ornament gwerthfawr i chi, i chi edrych ar ei ôl o. A chithau ofn cyffwrdd ynddo rhag ofn iddo falu. Ofn ei ddifetha, a'i dorri'n ddarnau pigog fel hen ddannedd ar y llawr.

A fo, fo oedd wedi achosi hyn i gyd: y nerfusrwydd yn ei llygaid, yr ofn, yr ofn oedd yn lledu drwyddi fel tân. Ac roedd hyn i gyd wedi lledu i fewn iddo yntau hefyd, wedi dod â chryndod a sicdod yn ei sgil.

'Edwin! Edwin! Ti'n mynd yn fyddar, d'wad?'

Roedd John yn tacio tuag ato ar draws y graean, a rhyw ddarn o bapur yn chwifio fel deryn yn ei law. Sychodd Edwin ei geg yn frysiog efo'i lawes gan flasu'r chwerwder ar ei dafod.

'Sori, chlywish i mohona chdi, 'chan!' meddai Edwin, yn uwch nag oedd rhaid, achos roedd John wrth ei ymyl o fewn dim.

'Ti'n iawn? Golwg uffernol 'nach chdi!'

'Diolch!' atebodd Edwin, a llyncu ei boer. 'Rhwbath fwytes i neithiwr, rhyw hen damad o ham.'

'Dwi'm isio'r *details*, diolch yn fawr. Eniwe, ti'n brysur?'

'Haeddu 'nhâl, os ma dyna ti'n gofyn!' meddai Edwin yn ddigon swta.

Roedd John yn bihafio fel rêl mab y bòs weithiau. Roedd Edwin ac yntau'n gwybod na fuasai gan John obaith i sefydlu ei fusnes ei hun heblaw bod yr hen foi wedi rhoi hwb bach iddo, i'w unig fab, ar ei ymddeoliad.

'Dim hynny sgin i, naci! Isio gofyn i chdi bostio hwn i mi dwi, yli.'

''Di'r we i lawr ne 'bath? 'Di'r e-bost ddim yn —'

'Cardyn pen-blwydd 'di o, 'de. Mae'n licio ca'l cardyn drw post wastad a dw inna 'di bod mor brysur tro 'ma, dwi'm 'di medru cael stamp na dim.'

Gwenodd Edwin. Roedd Gwenno, hogan John, yn gannwyll ei lygad, ac yn cael ei difetha'n lân ganddo. Fasai fiw iddo beidio ufuddhau a gyrru cerdyn drwy'r post iddi os mai hynny oedd yn plesio. Er ei fod yn dipyn o goc oen weithiau, roedd o wedi bod yn dad sengl da i'r fechan ers i'w mam farw pan oedd hi'n ddim o beth.

'Pryd mae o, fory?'

Nodiodd John. 'Ia. Ma hi'n wyth, cofia. Eight, going on eighteen! Medru 'nhroi i rownd ei bys bach, ond 'na fo.'

Doedd dim rhaid iddo ddeud mwy.

'Iawn, mi a' i rŵan os leci di. Mae bron yn amsar cinio beth bynnag, tydi? A dwi jyst â gorffan y Vauxhall 'ma, yli.'

'Diolch ti, Edwin. Ti'n hen foi iawn, sti. Ond paid â deud wrth neb bod fi'n deud, ocê? A ti'm yn cael codiad yn dy gyflog chwaith, dallta!'

Chwerthin wnaeth Edwin a chymryd y cardyn ganddo. Mi fasai'n braf cael symud a mynd yn ôl i'r dref am dro bach a llowcio llond sgyfaint o awel o'r môr wrth wneud. Ac fe fyddai'n rhoi amser iddo roi trefn ar bethau yn ei ben.

Trodd John oddi wrtho a dechrau cerdded yn ôl i gyfeiriad y swyddfa, yna stopiodd.

'Ma'r syrcas 'ma'n mynd i ddŵad eleni, yndi, Edwin? O'dd 'na rei'n sôn ella basa rhaid canslo achos y busnas yma efo rhywun yn gneud miri rownd y dre. Mi fasa Gwenno'n torri'i chalon, dwi'n gwbod hynny. Ma hi 'di ca'l yn ei phen ma rhyw syrcas pen-blwydd iddi hi ydi o bob blwyddyn! Wsti fel ma'r genod 'ma!'

'Mynd ymlaen fydd hi, John. Ma'r maer 'di deud bod y sioe yn cario mlaen!' meddai Edwin, a rhoi bawd i fyny arno. Nodiodd hwnnw, a'r golwg o ryddhad ar ei wyneb yn amlwg.

Buan diflannodd gwên Edwin wrth iddo droi'n ôl a gorffen tynhau'r follten olaf ar un o olwynion blaen y Vauxhall bach. Y blydi syrcas! Doedd o ddim yn un am yr holl lol a'r tyrrau o bobol newydd a lifai i mewn i Dreheli yn ei sgil, ond roedd eleni'n mynd i fod yn arbennig o anodd, rhwng pob dim. Ella dylai fod wedi dwyn perswâd ar Richard i ohirio'r holl beth am eleni. Ond roedd hi'n rhy hwyr i hynny.

Am ei bod hi'n amser cinio, roedd 'na gryn giw yn Swyddfa'r Post. Golygodd newidiadau'r Post yn ganolog fod oriau'r swyddfa wedi'u cwtogi yn sylweddol, ac felly roedd y lle dan ei sang. Tasai Edwin yno ar gyfer ei fusnes ei hun, fe fyddai wedi troi ar ei sawdl yn go handi, gan ei fod o'n darged i bobol siarad efo fo yn rhinwedd ei swydd ar y cyngor tref. Ac os oedd un peth doedd o ddim eisiau'i wneud heddiw, siarad efo pobol oedd hwnnw.

Llwyddodd i sefyll yn y ciw am rai munudau cyn i neb sylwi arno, cymaint oedd y clebran a'r sgwrsio. Teimlai Edwin yr hoffai gilio'n ôl ac yn ôl at y rhesi silffoedd fel ei fod yn diflannu i mewn iddyn nhw'n araf bach fel mwg.

'Jane drws nesa 'di ffendio cwlwm o frigau ar ei stepan drws ffrynt! Meddylia crîpi!'

'A ma Samuel Jones yn dal i drio cael gwarad o'r ogla pysgodyn 'di pydru yn ei gar! Sglyfath o beth!'

'Dwi 'di deud erioed bod 'na rwbath yn rhyfadd yn yr hogyn Noa 'na. Tydi o'm fatha ni rownd ffor'ma. Mae 'na rhwbath yn… od amdana fo. Fel tasa fo'n sbio arnan ni i gyd, rwsut.'

'Fel tasa fo'n well na ni.'

'Naci, dim hynny, ond fel tasa fo'n y cysgodion, yn sbio ar bob dim sy'n mynd ymlaen. Yn ein gwylio ni i gyd.'

'Wel, ma siŵr bod o, tydi! Sut arall fasa fo'n —'

'W, paid!'

'Hogyn rhyfadd.'

'Od.'

'Dwi'n meddwl bod Rita yn llygad ei lle amdano fo.'

Teimlodd Edwin yr oerni yn cropian fel llaw fain ar ei war wrth wrando.

'A toedd o'n gyd-ddigwyddiad bod peintio ffenestri'r caban 'di digwydd ar ôl iddi hi roi ffrae iddo fo am hambygio un o'r hen bobol.'

'Hambygio! Wnaeth o rioed?'

'Wel, do! Wel, yn ôl Rita. Pam arall fasa hi 'di —'

''Di o'm yn iawn.'

''Di o'm ffit i fod yn 'yn canol ni.'

Yna sylwodd un, Olif Owen Tŷ Pen, ar Edwin yn gwelwi yng nghefn y ciw. Culhaodd ei llygaid glas oer a'i lygadu fel gwylan yn llygadu tsipsan ar bafin.

'Be sgin ti ddeud am y peth, Edwin Parry? Ti'm yn meddwl dylia'r maer a chditha fod yn mynd ar ôl y Noa 'na?'

'Noa? Am be dwch, Olif Owen? Be mae 'di neud?'

'Be mae 'di neud?!' clwciodd yr ieir mewn anghredinedd.

'Wel, am y miri a'r aflonyddu 'ma mae o'n neud rownd lle 'ma, 'te? Gneud i bobol fod ofn yn eu gwlâu. Ro'dd hogan y ferch 'cw yn aros noson o'r blaen, a ges i goblyn o job ei chael hi i gysgu. Ofn bod y dyn drwg yn mynd i ddŵad ati hi'n y nos o'dd hi, beth bach.'

'Peth bach. Bechod,' cydsyniodd y dorf fechan fel un llais.

'A be sy'n gneud i chi feddwl ma Noa sydd wrthi?' gofynnodd Edwin, gan edrych ar bob un ohonyn nhw yn ei dro.

'Wel, tydi o'n amlwg, tydi!' meddai Olif Owen, a'i hwyneb yn cochi wrth yr eiliad. 'Pwy arall yn y lle 'ma fasa'n ddigon diawledig â gneud ffasiwn beth! Ac mae gynno fo lot o betha'n corddi tu mewn iddo fo, toes! Bownd o fod! Yn colli'i dad fel'na! A do's wbod pa gastia ddysgodd o'n yr ysgol 'na i ffwr'. Do'dd o'm yn dysgu ei Rodd Mam, yn saff ti!'

Syllodd Edwin arnyn nhw am eiliad cyn ateb. Roedd y lle'n hollol ddistaw erbyn hyn, heblaw am sŵn y stampiwr yn cusanu amlenni mewn rhythm cyson.

'Do's 'na'm wal fawr rownd Treheli, nag oes?' meddai Edwin o'r diwedd mewn llais tawel. 'Do's 'na'm pont godi sy'n cael ei thynnu i fyny bob nos fel mewn castell, oes 'na?'

Rhythodd pawb arno'n syn.

'Am be ti'n —?'

'Rhywun o tu allan,' meddai aelod mwy goleuedig o'r criw. 'Dyna ti'n feddwl 'te, Edwin? Deud ma rhywun o tu allan sydd wrthi, ti?'

'Wel, ma'n bosibilrwydd, tydi? Pam bod yn rhaid i ni ama'n gilydd o hyd, cyn mentro edrych dros y clawdd?'

Edrychodd y criw ar ei gilydd, ond roedd yr amheuaeth yn dal i losgi yn llygaid ambell un.

'A heb dystiolaeth, wel…! Tydi Noa ddim mwy euog na chi ne fi!'

Llyncwyd y criw mewn swigan o euogrwydd torfol. Edrychodd ambell un yn ddyrys ar lythyr yn eu llaw, a chymerodd rai eraill ddiddordeb mawr yn nheils y llawr.

'Dwi'n gwbod be dwi'n deimlo! A 'na fo!' meddai Olif Owen yn dalog, a nodiodd un neu ddwy o'r lleill i gytuno.

Trodd y criw yn raddol yn ôl i wynebu tu blaen y ciw oedd wedi mynd i lawr yn sylweddol erbyn hyn, gan roi llonydd i Edwin sefyll yno heb orfod siarad rhagor.

Pan edrychodd Edwin i lawr ar gardyn pen-blwydd hogan John, roedd o wedi ei blygu fel banana rhwng ei ddwylo.

*

Roedd o wedi bod cyhyd yn aros am gael mynd at gownter Swyddfa'r Post fel bod amser wedi colli ei afael. Llusgodd ei draed wrth fynd i gyfeiriad y garej, a'i feddwl yn corddi fel ei stumog. Rywsut roedd pethau'n mynd o chwith, a rhai diniwed yn cael eu brifo yn fwy nag oedd o wedi'i fwriadu. Syniad cefn trymedd nos a'r byd yn anadlu o'i gwmpas a'i gyrrodd i feddwl am y cynllun. Rhyw fyrraeth, rhyw dipyn o hwyl bron iawn, rhyw syniad y byddai'r fath beth yn codi rhyw bwnc sgwrsio rhyngddi hi a fo, yn creu rhyw fath o dir cyffredin iddyn nhw fedru ei rannu. Roedd yn fyd digon gwag, yn fyd digon unig. Be arall fasai gan rhywun fel fo yn gyffredin â rhywun fel Ceri?

Dipyn o hwyl. Myrraeth. Ac yntau'n glyd yn ei safle ar y Cyngor Tref. Roedd pawb wedi aflonyddu, wrth gwrs, wedi'u styrbio, wedi'u dychryn. Ond roedd o'n methu peidio gweld Ceri, a gwyn ei llygaid yn llawn ofn. Dylai fod wedi gweld sut fyddai pethau'n troi, sut y byddai'r Noa bach yna'n flas drwg ar dafodau pawb. Yn esgymun yn llygaid pawb unwaith eto. Ac i gyd o'i herwydd o. Eto.

Syrcas

YMLUSGODD Y SYRCAS i'r dref ganol nos, ddeuddydd yn ddiweddarach. Roedd hi'n noson oer, y lleuad yn llawn fel cosyn o gaws, a strydoedd Treheli yn berffaith wag. Symudodd y syrcas yn ddistaw drwy'r brif stryd, yn un lindys hir o wageni a thryciau, a'r enw MAINWARING'S BIG TOP CIRCUS yn dal y golau o lampau'r stryd mewn tempo twt.

Wedi cyrraedd y marian, oedodd yr orymdaith dawel, a chafwyd rhyw bum munud o lonyddwch cyn i'r ffigyrau ddechrau tywallt allan o'r gwahanol gerbydau. Ymgasglai rhai yn grwpiau bach cynllwyngar, a blaen tanbaid eu sigaréts yr unig beth oedd yn torri ar y düwch o'u hamgylch. Aeth ambell un arall at y tryciau oedd yn dal yr anifeiliaid ac arwain y creaduriaid allan o gaethiwed eu cawell deithio i flasu'r heli ar y gwynt. Clymwyd y ceffylau i bori ar laswellt y marian, eu silwét digynnwrf i'w weld yn erbyn yr arfordir golau. Arweiniwyd yr eliffant at ben arall y marian, rhag ofn iddo godi stŵr. Yn anifail tawel fel arfer, roedd teithio wastad yn ei gynhyrfu, a byddai weithiau'n strancio, a'r annifyrrwch yn gyrru'r anifeiliaid eraill i anesmwytho hefyd. Byddai fel newydd ar ôl rhyw gyfnod yn yr awyr iach, yn profi aer ei gartref newydd am y diwrnodau nesaf, ac yn gloddesta ar y ffrwythau a'r llysiau oedd wedi mynd yn feddal ar ôl y daith, yn ddigon meddal i'w geg ddiddannedd fedru eu bwyta. Roedd dyddiau gwneud triciau yr hen greadur wedi hen ddŵad i ben, er ei fod o wedi bod yn un oedd yn dysgu'n sydyn, ac yn medru sefyll â'i ddwy goes flaen ar ddrwm mawr a'i ddwy goes ôl ar un arall ers talwm, i fonllefau o gymeradwyaeth. Bellach doedd yr un archwaeth ddim yno i weld anifail yn gwneud triciau, ac eto roedd rhaid i eliffant fod yn rhan o'r sioe mewn rhyw ffordd. Y rhai bychain fyddai'n denu, y rhai oedd fel petaen nhw wedi eu geni'n hen. Ond doedd dim posib cael gafael ar y rheiny bellach.

Safodd Victor Mainwaring ar wahân i weddill y *troupe,* a syllu allan ar y lli, ei fysedd wedi eu plethu y tu ôl i'w gefn, mewn ystum feddylgar, awdurdodol. Fe fyddai wedi colli cael dŵad yma eleni, fel yr arferai wneud bob blwyddyn. Roedd cael glanio ar farian Treheli yn un o'r pleserau mwyaf ar ei deithiau, yn llusern mewn gyrfa oedd yn profi'n gynyddol heriol wrth i'r cryd cymalau frathu, ac wrth i Victor orfod delio â gofynion cynyddol feiddgar ei griw. Teimlad ofnadwy oedd sylweddoli bod eich awdurdod yn colli'i afael, bod eich oed yn fwy o faen tramgwydd nag o fantais.

Roedd yr oes yn newid hefyd, wrth reswm; y rheolau Iechyd a Diogelwch felltith wedi golygu ei fod wedi gorfod cau ambell atyniad, a gwerthu'r hen lew fyddai'n ddim bygythiad i gath gan ei fod o wedi colli ei ddannedd ers tro. Doedd y ddynes farfog ddim yn denu bellach, a phobol wedi dŵad i brotestio unwaith yn Aberystwyth yn y sioe gyrion oedd yn dangos doniau'r pwdls bach oedd yn dawnsio ar eu coesau ôl yn eu twtws bach pinc. Oherwydd y chwa wleidyddol gywir a chwyrlïai o gwmpas ambell ardal, roedd hi'n gynyddol anodd i gadw pawb ar ei lyfrau, i gadw'r syrcas i fynd.

Dyna ni, meddyliodd Victor Mainwaring, gydag ochenaid ddofn o'r galon. Hon oedd y daith olaf i'r syrcas. Ar ôl hyn byddai'n ymddeol i ryw fyngalo bach di-nod mewn stad o dai mwy di-nod byth ar y glannau, a bwydo'i atgofion drwy edrych ar luniau o'i syrcas mewn fframiau bach twt ar y silff ben tân.

Doedd o ddim wedi torri'r newyddion i unrhyw un o'r *troupe* eto. Fe fyddai gwybodaeth fel'na'n siŵr o ledu fel tân, ac ysbryd y criw yn wenfflam efo fo. Buan fyddai'r angerdd yn troi'n lludw. Doedd o ddim yn medru fforddio i unrhyw ymweliad fod yn siom i'r coffrau. Taw oedd piau hi, felly. Gallai Victor gadw cyfrinach gystal â neb pan oedd raid.

Ond cyn hynny, roedd 'na sioe arall i'w chyflwyno a chyfle i bobol y dref fedru gadael dinodedd eu bywydau hwythau drwy fentro at sglein a sŵn syrcas enwog Mainwaring.

Trodd oddi wrth y môr a dechrau cerdded yn ôl at y lleill.

Noa

Gorweddodd Noa yn ei wely am hir iawn yn syllu ar y pry cop yn y gornel uwch ei ben. Roedd hwnnw wedi bod yn breswyliwr ffyddlon yn y stafell wely ers i Noa ddŵad yn ôl i fyw yma mewn gwirionedd, ac roedd Noa wedi mynd i'r arfer o edrych amdano. Y corneli roedd o'n eu ffafrio, fel tasai hynny'n rhoi rhyw sicrwydd iddo, ac roedd Noa'n medru dallt hynny. Roedd yn meddwl weithiau mai creaduriaid y corneli oedd y rhan fwyaf o bobol yn y bôn, ond bod rhai'n gorfod gwthio eu hunain allan o'u cilfachau clyd. Fasai'r byd byth yn troi tasai pawb yn aros yn ei gornel fel y pry cop.

Ond roedd byd gweog y pry cop yma wedi darfod. Doedd o ddim wedi symud yr un centimetr ers diwrnodau lawer, wedi cael ei ddal yn nhrapîs ei we ei hun. Wedi ei ddifa gan ei glyfrwch ei hun. Roedd yn bendant erbyn bore 'ma ei fod o wedi marw. Edrychodd Noa a meddwl bod pry cop marw yn debyg iawn i flodyn, efo'i goesau wedi eu tynnu at ei gilydd fel petalau, ei fol yn galon frown yn dal pob dim ynghyd. Pam na fasai'r un harddwch yn perthyn i bobol wrth iddyn nhw drengi? Fedrai ddim peidio meddwl am wyneb piws-wyn ei dad ar deils y gegin. Y llun hwnnw wnaeth ei orfodi i godi o'i wely yn y diwedd.

Roedd y diwrnod wedi dechrau'n ddrwg felly. Wedi sbio ar y

cloc, sylweddolodd ei fod yn mynd i fod yn hwyr i'r caffi os na fyddai'n gafael ynddi. Gyda dyfodiad y syrcas roedd hi'n argoeli i fod yn ddiwrnod prysur, ac roedd Dafina wedi archebu mwy o fwyd ar gyfer y degau fyddai'n tyrru yno. Roedd y ddau wedi trafod agor gyda'r nos i weld a fyddai modd gwneud elw felly. Ond o gofio'r llanciau meddw fyddai wedi bod yn tancio drwy'r pnawn yn y tafarndai ac ar eu cythlwng eisiau bwyd a sgrap, penderfynu yn erbyn wnaeth Dafina yn y diwedd, er mawr ryddhad i Noa.

Gallai Noa deimlo boddhad y cnoi eisiau bwyd yn ei stumog wrth iddo gerdded yn fân ac yn fuan i gyfeiriad y caffi. Fyddai o ddim wedi teimlo'n iawn, rywsut, yn stwffio ei wyneb efo brechdan bacwn neu dôst, a'r pry cop druan yna'n flodyn brown crebachlyd ar y nenfwd. Be fyddai'n ei wneud efo fo? Fyddai natur yn cymryd drosodd, tybed, ac yn gyrru mintai o bryfaid i loddesta ar ei weddillion yn fuddugoliaethus? I dalu'r pwyth yn ôl am dranc eu cyn-deidiau? 'Ta ddylai Noa fod wedi mynd ar flaenau'i draed ar ei wely er mwyn dwyn y creadur i lawr a rhoi rhywfaint o urddas iddo ar ddiwedd ei oes?

'Ti'n bell iawn, Noa!'

Welodd o mo Ceri tan iddo'i chlywed ar draws y stryd. Cododd ei law a chroesi'r lôn ati.

'Yndw... o'ddwn. Ti'n ocê?'

Codi ei hysgwyddau wnaeth Ceri a chofiodd Noa am Mart, a'i fod wedi cael 'nunlla call i gysgu' pan welodd o fo'r bore hwnnw yn y caffi. O'i golwg hi, roedd y sefyllfa honno'n wir am Ceri hefyd. Roedd ei gwallt wedi ei sgubo'n ôl o'i hwyneb fel arfer, ond heddiw roedd yn sglein seimllyd, ac ambell i gudyn wedi syrthio'n ddifywyd o gwmpas ei hwyneb. Sylwodd Noa ar y cylchoedd piws-ddu dan ei llygaid, a'i chroen wedi magu rhyw wawr felynaidd afiach yr olwg.

'Cysgu'n wael neithiwr, sti,' meddai, a chodi ei hysgwyddau, gan geisio gwenu. Roedd hi'n edrych o'i chwmpas, fel tasai arni ofn i rywun eu gweld.

'Gwbod. Dach chi'n dal heb le?'

Edrychodd Ceri mewn braw arno, a'i llygaid fel soseri.

'Pwy ddudodd 'that ti!' Roedd o'n fwy o gyhuddiad nag o gwestiwn, a theimlodd Noa ryw gryd yn cerdded ei asgwrn cefn.

'Wel... ym... diwrnod o blaen, mi —'

O weld ymateb Noa, diflannodd y natur ymosodol ohoni, a llanwodd ei llygaid. Brathodd ei gwefus er mwyn atal y dagrau.

'Paid ti â deud, na 'nei, Noa? Wrth neb, ocê, boi? Neb. Iawn?'

'Wna i ddim, siŵr. 'Swn i byth yn cario straeon, na faswn? Ti'n gwbod 'swn i byth.'

Cyffyrddodd hithau ei fraich yn ysgafn.

'Gwbod hynny, Noa. Gwbod. Ond ti'n gwbod sut ma pawb ffor'ma. Clebran a chario straeon 'di'u petha nhw, 'de. Dyna ma nhw'n neud rownd ril. Hen bobol felly sydd 'na'n Treheli 'ma. Sbio lawr eu trwyna ar bobol 'tha ni, 'de, Noa? Meddwl eu bod nhw'n well. A hannar esgus ma nhw isio!'

Fel tasai'r peth wedi cael ei drefnu gan gyfarwyddwr ffilm, ar y funud honno, rhythodd casgliad o dri o bobol ar Ceri a Noa o draws y stryd. Roedd hi'n amlwg o'u hosgo a'u sibrwd mai siarad am y ddau oeddan nhw. Cyn i Noa fedru meddwl mwy, gwaeddodd Ceri yn herfeiddiol arnyn nhw.

'Dach chi'n iawn? Isio rhwbath? 'Di gweld digon?'

Ar hynny, sgrialodd y criw i ffwrdd fel tasai Ceri wedi eu saethu efo sling.

'Shhh! Taw! I be wnest ti hynna rŵan?' gofynnodd Noa. Gallai deimlo'r cywilydd yn cau amdano.

'Sdim isio cymryd gin bobol fel'na!' meddai Ceri wedyn, ac roedd hi'n anodd coelio mai hon oedd yr un un ag a oedd yn welw o'i flaen gynnau, meddyliodd Noa. 'Tydyn nhw ddim gwell na ni! Er bod eu trwyna nhw'n yr awyr!'

Doedd gan Noa ddim ateb. Cofiodd ei fod yn hwyr.

'Dwi'n hwyr.'

'Ia, ella 'sa well ti beidio hongian rownd fan'ma, eniwe. Well ti fynd. Fyddan ni'n brysur heddiw 'ma, chdi a fi. Efo pobol 'di dŵad i weld y syrcas.'

''Di hi 'di cyrradd?'

'Yndi tad!' Roedd llygaid Ceri yn sgleinio, a'r cynddaredd wedi mynd i rywle. ''Di dŵad fatha ysbryd dros nos a 'di gosod pob dim i fyny'n ddel ar y marian erbyn i mi gyrradd bora 'ma. Welish i gip ar yr eliffant gynna! Del. Mae'n llai na dwi'n gofio.'

'Ne chdi sy 'di tyfu! ' meddai Noa, dan wenu. 'Wela i di wedyn. Well mi fynd.'

Penderfynu osgoi'r llain werdd wnaeth Noa ar ei ffordd i'r caffi. Er y basai gwneud hynny'n golygu ei fod yn ennill rhyw ddau funud ar ei siwrnai, doedd o ddim yn barod i weld yr holl sioe heddiw. Peryg y byddai'n gorfod oedi yno, wedi ei lygad-dynnu gan y stondinau a'r paent llachar, ac y byddai'n hwyrach fyth. Yr anifeiliaid fyddai'r atyniad mwyaf iddo, fe wyddai hynny. Doedd o ddim yn hoff o'u gweld yn llechu yn ddigalon yr olwg, yn bell o'u cynefin, ac eto roedd o'n cael ei hudo ganddyn nhw hefyd. Ta waeth, fe fyddai hynny'n ei styrbio, ac roedd 'na ddigon o bethau wedi gwneud hynny'n barod heddiw heb iddo wahodd mwy.

Chafodd o fawr o groeso gan Dafina. Roedd 'na fwy na'r disgwyl o bobol wedi dod draw i lenwi eu boliau cyn cael tro o gwmpas y dref a'r syrcas, ac felly roedd y ffaith fod Noa ychydig yn hwyr yn gwneud gwahaniaeth.

'Sori, Dafina. 'Nes i'm clywad y larwm.'

Roedd hi'n haws deud hynny na dechrau esbonio ei fod wedi bod yn syllu ar gorff marw pry cop o'i wely, ac wedi colli gafael ar yr amser.

'Ti yma rŵan. Yli, 'nei di fynd i gymryd ordor y teulu bach 'ma. Maen nhw yma ers deng munud a dwi'm 'di medru —'

'Dim problam,' meddai Noa a sodro ei wên yn ei lle.

*

Rhyw awr yn ddiweddarach, ac roedd y lle wedi tawelu digon i Dafina a Noa fedru eistedd wrth un o'r byrddau ar y teras efo panad bob un.

'Gymri di'm rhwbath i fwyta? Dwi'n siŵr bo chdi 'di gadael y tŷ bora 'ma heb damad! A chditha 'di codi'n hwyr!' meddai Dafina, gan ei lygadu dros ei chwpan, ei llaw arall yn cau am olwyn o bestri oedd yn atgoffa Noa o gragen malwen.

Ysgwyd ei ben wnaeth Noa, a chymryd dracht diolchgar o'i goffi du. 'Ges i fanana.'

'Dwed ti,' meddai Dafina, heb dynnu ei llygaid oddi arno.

'Llawn potasiwm,' meddai Noa wedyn, gan deimlo ei fod ar dir saffach. 'Ac yn cadw chdi fynd am hir. Rhyddhau egni dros gyfnod.'

'Dwed ti,' meddai Dafina wedyn, heb swnio'n rhy falch o'r wybodaeth.

Eisteddodd y ddau heb siarad am funud, yna rhoddodd Dafina ei phaned i lawr yn bwrpasol, a sychu'r briwsion oddi ar ei gwefusau.

''Dan ni'n nabod yn gilydd yn o lew erbyn hyn, tydan, Noa?' meddai, a'i llais yn bwyllog.

Edrychai draw at y llain fowlio, a dilynodd Noa ei hedrychiad.

Roedd 'na griw bach o laslanciau wedi ymgynnull yn un giang bryfoclyd anystywallt ar un o'r meinciau yn y pen draw. O'u golwg nhw, roedden nhw yn yr hen dir neb hwnnw – yn rhy ifanc i fynd i dafarn, ond yn rhy hen i dderbyn hynny heb chwerwi.

'Chdi 'di un o'n ffrindia gora fi, Dafina,' meddai Noa, a hanner gwenu arni. 'Chdi ro'th gyfla i mi pan oedd 'na'm llawar o neb arall yn fodlon gneud.'

'Ia,' cytunodd Dafina, ond doedd hi ddim yn swnio'n fodlon nac yn falch o'r peth.

Daeth bonllef orfoleddus o gyfeiriad y criw o hogia, a sbonciodd can o gwrw rhwng un a gweddill y giang, a sŵn gwag yr aliwminiwm yn gymysg â'u chwerthin gwirion.

'Ac wedyn,' meddai hi, a'r tinc gofalus yn dal yno yn ei llais, 'ac wedyn 'sach chdi'n siŵr o ddeud wrtha fi, basat? Tasa rhywbeth yn dy boeni di, 'lly. Tasach chdi mewn traffarth?'

Atebodd Noa mohoni, roedd ei lygaid wedi eu hoelio ar y criw oedd wedi gadael y fainc yn y pen draw ac yn rhedeg i lawr y llwybr bach cul oedd yn amgylchynu'r llain fowlio ac yn arwain at y caffi.

Roedd 'na un ceffyl blaen, wrth gwrs. Toedd 'na o hyd. Un coc oen, yn meddwl ei fod o'n foi ac yn medru siarad fel licia fo, efo'i fêts y tu cefn iddo. Gafaelodd Noa yn ei gwpan a gorffen ei goffi, gan sefyll ar ei draed.

'Hei, chdi!' galwodd y ceffyl blaen. 'Hei, chdi! Wynab *ghost!*'

Fyddai Noa ddim dicach o'u hanwybyddu, felly trodd i'w hwynebu, ond ddywedodd o ddim gair. Dafina siaradodd.

'Ewch yn 'ych blaena, rŵan, hogia. 'Dan ni'm isio trwbwl. Fydd y syrcas yn dechra'n o fuan. Fydd gynnoch chi ddim hir i ddisgwyl.'

Cymerodd un ohonyn nhw swig o ddiod o'i gan cwrw, a

llyncu'n swnllyd – rhywbeth roedd y lleill yn ei weld yn hollol hilariws.

Anwybyddwyd Dafina. Galwodd un arall ohonyn nhw o glydwch ei griw.

''Di o'n wir 'ta? Ma chdi 'di'r *weirdo* sy 'di bod yn gneud petha *weird* rownd Treheli 'ma. Codi crîps ar hen bobol a petha!'

'A codi crîps arna chdi, ia, Ger?' meddai un arall, a rhoi hergwd i'r siaradwr.

'Ffyc off, naci! Ond ma pawb yn gwbod, tydi? Ma chdi 'di'r pyrf. Yn sbecian ar bobol a petha! *Weeeeird!*'

Bonllefodd y lleill i gyd y gair drosodd a throsodd.

'Peidiwch â bod mor blydi stiwpid!' meddai Noa, gan deimlo'i lais yn grynedig ac yn ysgafn fel pluen o'u blaenau. Yn llais unig yn erbyn y dorf.

'Peidiwch â bod mor blydi stiwpid!' meddai'r criw ar ei ôl mewn lleisiau gwirion.

Roedd yn amlwg eu bod yn mynd i'w watwar. Doedd y rhein ddim y pethau mwya gwreiddiol yn y byd, ac roedd hynny rywsut yn waeth i Noa, eu bod yn medru cael ato drwy fod mor ofnadwy o agos i deip.

'Sbïwch tena 'di o! 'Tha sgerbwd!'

'Sgelintyn!' gwaeddodd un arall, i werthfawrogiad ei fêts.

Camodd Dafina ymlaen, a'i dyrnau wedi cau wrth ei hystlys.

'Reit, dach chi'n mynd o 'ma, 'ta dwi'n galw'r heddlu? Siŵr bod 'na ysgol yn rhwla yn colli cwpwl o idiots, does! Un alwad ffôn sydd angan.'

Syllodd y giang arni a'u llygaid wedi hanner cau.

'A peidiwch â meddwl am eiliad bo fi ddim o ddifri!' chwyrnodd Dafina wedyn. 'Baglwch hi o 'ma! Rŵan! Y tacla!'

'Dowch 'laen,' meddai'r ceffyl blaen yn anfoddog, gan

synhwyro bod y pŵer wedi symud. ''Di o'm werth o, lads. Dowch.'

Dechreuodd symud oddi yno, a llusgodd gweddill y criw ar ei ôl, ond nid cyn i un ohonyn nhw bwyntio at Noa i'w rybuddio.

Ar ôl gwneud yn siŵr fod y criw wedi mynd o'r golwg, eisteddodd Noa a Dafina yn ôl wrth y bwrdd. Cododd rhyw gwpwl bach oedrannus o'u bwrdd hefyd, a deud eu bod wedi gadael y pres ar y bwrdd. Nodiodd Dafina a diolch iddyn nhw. Diflannodd y ddau, yn falch o gael dianc. O'i hedrychiad, roedd Dafina mor flinedig ag yntau.

'Wel?' gofynnodd Dafina o'r diwedd, a sylwodd Noa bod ei llygaid yn llawn.

'Wel?' gofynnodd Noa.

''Di o'n wir, 'ta?'

''Di be'n wir?' gofynnodd Noa.

'Be ma nhw'n ddeud? Chdi sy 'di bod wrthi?'

A'r eiliad honno, teimlodd Noa fod gwagle'r byd wedi rhuthro i lenwi ei du mewn.

Rita

ALLAI RITA DDIM llai na theimlo cyffro wrth i'r nos gau'n siôl o gwmpas yr olygfa ar y marian, a'r syrcas yn wincio drwyddi. Roedd 'na rywbeth na allai Rita roi ei bys arno am y pebyll llachar a churiad rhythmig cyntefig rhyw gân bop oedd yn newydd ac yn gyfarwydd ar yr un pryd. Hwn oedd y curiad oedd yn ei denu pan oedd hi'n ddynes ifanc i ddianc yma heb i'w mam wybod; y curiad oedd yn ei hudo at un o hogia'r syrcas a'i wallt tywyll cyrliog a'i lygaid drwg; y curiad oedd yn gyfeiliant i garu sefyll i fyny yn erbyn wal y morfa oedd ymhell o olwg pawb ond yn ddigon agos i deimlo'n beryg hefyd. Doedd y cynnwrf yn pallu dim wrth fynd yn hŷn, er na fyddai'r un o'r hogia ifanc yn edrych ddwywaith arni erbyn hyn. Roedd hi'n ddigon call i wybod hynny.

Roedd hi wedi gwisgo'r sgarff *mohair* heno eto, a mwynhau teimlo'i chyffyrddiad mwyn coslyd yn erbyn croen ei gwddw. Ac i deimlo agosatrwydd Richard. Deallai na fyddai'r ddau ohonyn nhw'n medru ymddwyn yr un fath ag arfer yn wyneb y cyhoedd. Hynny oedd rhan o'r atyniad i Rita, beth bynnag, ei weld yn sefyll yno yn ei siwt a'i tsiaen a hithau'n gwybod yn union sut edrychai yn noethlymun gorn, be'n union oedd blas y croen ar ei frest, teimlad ei flew ar ei thafod… Roedd Richard yntau wedi deud wrthi ei fod yn blysio ei chael bob tro roedd o'n ei gweld hi'n gyhoeddus, ei fod yn ysu am gael rhwygo pob dim i ffwrdd a'i meddiannu yn y fan a'r lle. Mewn realiti, doedd Rita ddim yn ffan mawr erbyn hyn o rwygo unrhyw ddilledyn roedd hi wedi mynd i'r drafferth i'w brynu a'i ddewis, ond gallai ddeall y sentiment, a gwerthfawrogai'r angerdd.

Wrth iddi nesáu at y syrcas, gwelai bobol wedi ymgasglu'n glympiau yma ac acw, ac ambell fam wedi crwydro i weld rhyw stondin neu'i gilydd i gau ceg rhyw blentyn anystywallt. Roedd y brif *marquee*, y Big Top fel y broliai'r arwydd sigledig ar ei gopa, yn loyw a gallai weld cysgodion dyn ac anifail yn erbyn y canfas, yn ymarfer eu triciau. Ond doedd fiw i'r syrcas agor yn iawn tan i'r maer fedru gwneud rhyw araith fach a chyhoeddi agor y lle'n swyddogol. Roedd hynny'n draddodiad yn Nhreheli ers i Rita gofio, ac roedd y dref yn mynnu glynu'n dynn at rhyw draddodiadau felly, am ei fod yn gwneud y lle'n sbesial, tybiodd Rita, yn rhywle oedd ychydig bach yn wahanol i lefydd eraill.

O droi oddi wrth y pebyll, gallai weld sglein y tsiaen faeryddol o bell, gyda Richard yn sefyll yn smart ar garreg wastad oedd yn llwyfan iddo, a thorf nid bychan o'i gwmpas. Llygadodd un lle ar ochr y dorf oedd yn galluogi iddi hi a Richard weld ei gilydd ond heb iddi fod yn rhy amlwg. Ac yna fe'i gwelodd hi, a sglein ei chadair olwyn yn loyw yn y golau oedd yn dod o'r stondin agosaf ati. Doedd Rita ddim wedi disgwyl ei gweld yno, a honno byth i'w gweld yn mentro o'i drws ffrynt ers i'w chyflwr waethygu. O wrando ar Richard, er nad oedd o'n sôn rhyw lawer amdani pan oedd o a Rita efo'i gilydd ('ein hamser ni 'di hyn, Rit…') roedd Sioned yn cnocio'n ddyfal ar y Porth Mawr ers misoedd, a phrin yn medru codi ei phen. Roedd 'na ryw blydi gwyrth wedi digwydd felly, meddyliodd Rita yn chwyrn, wrth edrych ar y cap toslyn ffasiynol yn dynn am ben y claf, a chlustdlysau modern yn dal y golau ac yn cyhwfan fel adar o'i chlustiau.

Er bod Richard yn clirio ei wddw ac yn gofyn am dawelwch, allai Rita ddim edrych arno. Roedd wedi ei llygad-dynnu gan y ddynes yn y gadair olwyn. Plygodd rhywun oedd wrth ei hymyl i lawr at Sioned, a deud rhywbeth wrthi. Atebodd hithau, gan ddenu bonllefau o chwerthin iach gan y person arall. Edrychodd Richard ar ei wraig a gwenu, cyn codi ei lygaid a chyfarfod rhai Rita, fel tasai rhyw swyn yn ei ddenu ati. Ond llithro ei edrychiad oddi wrthi yn anghyfforddus wnaeth o, a throi ei olygon at ei gynulleidfa.

Y bastad! Roedd o'n berwi o embaras, wedi cael ei ddal yn rhaffu celwyddau wrthi, yn ei bradychu efo'i stori dylwyth teg am wraig lwyd fethedig yn gwanychu ar ynys o wely. A honno yma, yn chwerthin i gyd, yn sbio ar ei gŵr, y maer, yn bwysig. Teimlai Rita fel rhedeg at y tu blaen a gweiddi, rhwygo'i wallt o'r gwraidd a rhoi cic i olwynion y blydi gadair yna nes ei bod hi'n gwyro.

Sylwodd neb ar Rita yn troi i ffwrdd ac ymddatod o'r criw, gan gerdded yn fân ac yn fuan yn ôl am y dref.

Ceri

DOEDD MART DDIM yn gwrando arni. Roedd ei law wedi cau fel dwrn am ei llaw hithau, a theimlad y llaw yn oer, yn esgyrnog o oer.

'Paid, ti'n brifo fi! Ti'n…'

Roedd o wedi bod yn wahanol ers iddyn nhw orfod gadael lle Gaf, ei symudiadau'n fwy pigog ac annibynadwy, asgwrn ei ben yn tynhau dros groen ei wyneb, nes rhoi golwg penglog iddo, meddyliodd Ceri, ac wedyn ffieiddio arni hi ei hun am feddwl felly. Roedd hi'n ei garu. Wedi'i ffansïo fo ers blynyddoedd pan oedd o'n arfer dŵad i Dreheli ar nos Sadwrn efo'i fêts yn ei siaced ledr ddu a'i agwedd stwffia'r byd. Fo oedd yn gyfrifol am iddi ddechrau smocio, gan bod y sigarét yn glynu mor rhywiol ar ei wefus isa, ei dafod yn llithro mor ddeheuig ar hyd y papur wrth iddo rowlio ei ffags. Mi stopiodd hi ar ôl chydig, doedd hi'm yn medru diodda'r blas, ond roedd hi wedi dechrau iddo fo. Er ei fwyn o. Roedd Mart yno o hyd, wrth gwrs. Tu mewn. Amser anodd iddyn nhw i gyd. To uwch eu pennau, goriad i ddrws ffrynt eu hunain a fasan nhw ddim yr un rhai. Neu mi fasan nhw'n mynd yn ôl i fod yr un rhai ag o'r blaen, yn gariadus, yn bryfoclyd, yn llawn sbarc a bywyd. Yn caru'n dyner fel tasai'r byd ar fin dŵad i ben, a dim byd arall yn bwysig.

Stopiodd Mart a gwasgu ei sgwyddau nes ei bod yn ei wynebu.

'Sori, Cer. Sori, babs. Ond… jyst heno, ia? Hmmm? Jyst heno, hmmm?'

Plygodd i lawr a dechrau cusanu y tu ôl i'w chlust yn dyner, dyner, gan symud un law at ei gwar a mwytho'r croen melfedaidd efo'i fys.

Caeodd Ceri ei llygaid am eiliad, ac ymgolli, gan anadlu'n ddwfn. Crwydrodd ei law arall ar ei siaced a llithro rhwng ei botymau gan ffeindio ei thethi parod a'u hanwesu drwy'i chrys.

'Be arall wnawn ni, hy? Lle arall? Lle? Hmm, Ceri? Lle?' meddai rhwng cusanau, a'i lais yn siocled tywyll i gyd.

Llwyddodd Ceri rywsut i ysgwyd ei phen.

'Na, Mart. Na, fedran ni ddim, sti. Dim y caban, dim heno.'

Gollyngodd Mart ei hysgwyddau fel tasan nhw'n eirias. Roedd ei lygaid yn lympiau duon o lo yn ei benglog. Gwthiodd Ceri ei hun yn ei blaen.

'Dim â hyn i gyd yn mynd ymlaen. Y blydi sioe 'ma, yr holl bobol. Ma rhywun siŵr o weld, a deud wrth Rita. Mi golla i'n job!'

'Job!' poerodd. 'Job! Job gachu ydi hi eniwe! Job GACHU! Pwy ti'n feddwl w't ti – ffrigin Prime Minister?'

'Wel ma'r unig blydi job sydd gynnon ni ar y funud, Mart! Tydi? Tydi, bêb?'

Ond roedd Mart eisoes wedi troi oddi wrthi, a'i ysgwyddau yn wal rhyngddyn nhw.

'Sgin ti syniad arall 'ta?'

Edrychodd Ceri yn wyllt o'i chwmpas, yn chwilio am ateb yn y cysgodion oedd yn nadreddu'n wyllt o'i chwmpas, yn y golau oedd yn curo fel calon o gyfeiriad y syrcas.

Yna trodd Mart yn ôl ati.

'Lle mae o'n byw?'

'Pwy?'

'Y ffrîc 'na. Noa ne be ffwc ma'n galw'i hun. Y boi 'na sy'n edrach fatha bod o'm 'di byta ers mis.'

'Noa?'

Teimlodd Ceri ryw wacter yn gymysg â surni ofn yn dŵad drosti fel cyfog.

'Dwi'm yn dallt. Be fedar Noa...?'

'Helpu ni, 'de. Dach chi'n fêts, tydach? A neith boi fel'na rwbath i gadw'i fêts, neith? *Saddo* desbret fel'na.'

'Paid â siarad fel'na amdano fo, Mart.'

'Ti'n gweld? Ti'n neidio i deffendio fo, a 'sa fo'n deffendio chdi 'fyd. Wna'th o fechdan bacwn blydi lyfli i mi ddoe. Sbesial. 'Di o mond rhy falch o helpu, siŵr iawn. Mond rhy falch o ga'l ffrindia!'

Meddyliodd Ceri am Noa a'i ffrinj hir yn llen dros ei lygaid ffeind.

'Ma'r caffi 'di cau'n gynnar. Welish i Dafina'n mynd draw at y syrcas efo'i phlant gynna.'

'Shit, do?'

Tro Mart oedd hi'r tro hwn i edrych yn wyllt o'i gwmpas am ysbrydoliaeth. Ffrwydrodd bonllef o gymeradwyo a chwerthin o gyfeiriad y marian, a thynnodd Ceri ei siaced denau yn dynnach amdani.

'Ond ma gynno fo dŷ, does? Lle bach iawn 'fyd, ddudodd rhywun, ar ôl yr hen ddyn. Fedran ni alw arno fo a gofyn yn neis os gawn ni aros am heno.'

'Na, Mart.'

'Jyst heno 'ma, ia? Tan 'dan ni 'di sortio rhwbath erbyn fory.'

''Sa'm yn deg.'

'Teg? Hmmm,' atebodd Mart, gan droi nes fod ei wyneb yn agos iawn at ei hwyneb hithau. Dechreuodd anwesu ei boch gyda'i fys, a throdd yr anwes yn galetach wrth iddo bwyso a naddu i mewn i esgyrn ei hwyneb.

'Be sy'n blydi deg am y byd, Ceri? Hmm?'

'Aw!'

'Be ti'n ddeud, 'ta? Awn ni draw i ddeud helô?'

*

Atseiniai sŵn eu traed yn fyddarol ar y stryd wag, neu felly y swniai i Ceri. Doedd neb o gwmpas, a phrin iawn oedd y goleuadau oedd y tu ôl i unrhyw gyrtens, gan fod pawb heblaw'r hen a'r methedig wedi eu denu gan y sioe ger y lli. Edrychai pob tŷ yr un fath, yn fyddin o frics cochaidd yn sefyll yn stond ar barêd.

'Wel? Pa un 'di o?'

Llyncodd Ceri, a theimlo ei thonsils yn pigo. Bu'n teimlo'n llegach ers ben bora, a doedd noson arall yn y caban drafftiog ddim wedi helpu.

'Dwi'm yn siŵr.'

'Paid â malu nhw. Dach chi'n fêts i fod!'

'Dim rili, Mart. Ffrindia yn rysgol, ella. Dau dderyn mewn storm.'

'E?'

'Mond un waith dwi'n cofio dŵad yma. Oesoedd yn ôl. Pan oedd ei dad o —'

'Wel, tria rwbath! Rhwla.'

'Dwi'n siŵr os ma... hwn! Hwn ydi o, dwi'n siŵr.'

Roedd hi wedi siarad yn uchel heb feddwl. Y drws gwyrdd

a'r ffenest fach siâp hanner lleuad yn y top oedd o, efo'r ddolen gnocio â llun llew arno yn gwenu'n ddiddannedd i'r stryd, a dolen drwy ei drwyn. Fe fyddai'n well tasai wedi cymryd arni...

Ond roedd Mart wedi gafael yn y ddolen yn barod, ac yn curo'n frwdfrydig, a'r sŵn yn diasbedain yn donnau i lawr y stryd wag. Safodd y ddau a disgwyl. A gwrando. Roedd y tŷ mewn tywyllwch, a'r cyrtens les budron yn ddisymud.

''Di o'm yma,' meddai Ceri, gan fethu cadw'r rhyddhad o'i llais. 'Ty'd.'

'Rho jans 'ddo fo. Ella bod o ar y bog yn chwydu'i swpar!'

'Paid â deud hynna.'

Ac yna cnociodd Mart drachefn, a disgwyl yn barchus fel hogyn ysgol Sul, ond â'i wyneb yn galed.

'Ffonia fo,' meddai Mart o'r diwedd, ar ôl sefyll a disgwyl yn llawer hwy nag oedd rhaid.

'Na, Mart, dwi wir ddim yn meddwl bod o'n —'

'Ffwcin ffonia fo!

Ymbalfalodd Ceri ym mhoced ei siaced, a'i bysedd yn cau o'r diwedd am ei ffôn. Bu'n rhaid iddi ddeialu ddwy waith gan bod ei bysedd yn crynu. Yr oerfel oedd ar fai, meddyliodd. Yr oerfel.

Canodd y ffôn a chynigiodd rhyw lais benywaidd awtomatig iddi adael neges i'r person ar y rhif.

Wnaeth hi ddim y tro cynta.

''Di o'm adra, Mart. Ty'd, awn ni draw i'r syrcas, ia? Ella gawn ni syniada yn fan'na. Cysgu efo'r eliffant ella!'

Doedd Mart ddim yn gwerthfawrogi'r hiwmor.

'Ffonia fo a gada'l neges. Gofyn iddo fo gyfarfod chdi yn rhwla.'

'Yli, Mart, dwi ddim yn meddwl bod o'n —'

'Plis, Cer?' Cafodd ei disodli gan yr addfwynder. 'Plis, cariad. I ni gael cysgu'n rhwla call heno, ia? Chdi a fi?'

Nodiodd Ceri yn araf wedi edrych i fyw ei lygaid, a gweld y diffuantrwydd yr oedd hi'n crefu amdano yno. Dechreuodd ddeialu rhif Noa eto.

Noa

NEIDIODD NOA o'i groen wrth glywed blipian ei ffôn. Roedd o wedi bod yn eistedd ar ei wely, yn cofleidio ei bengliniau, ers amser maith. Oriau. Misoedd. Blynyddoedd. Teimlai felly. Tyfodd y nos y tu allan i'r ffenest a brathu i mewn i'w stafell nes i olau honno ildio ei lle yn raddol. Doedd hi ddim yn berffaith ddu. Gallai Noa weld rhyw wawl lwydaidd oedd yn gadael iddo weld y celfi yn iawn. Pen y gwely. Ond o edrych i fyny roedd y pry cop marw ar goll yn y cysgodion. Roedd hi wedi bod yn drist dod yma ar ôl gwaith a gweld y creadur yn yr un lle yn union, a'i antur o gwmpas pedwar ban y stafell wedi dod i ben.

Daeth yma'n syth ar ôl i'r caffi gau. Doedd o ddim wedi cymryd arno wrth Dafina ei fod wedi ei frifo i'r byw gan ei hamheuaeth. Ffugiodd gario mlaen fel arfer, ond gan gadw allan o'i ffordd yn fwy nag oedd rhaid. Gwneud yn siŵr y byddai'n clirio a thacluso'r byrddau os oedd o'n ei gweld hi'n y gegin, lle cynt y basai wedi mwynhau mynd yno a chael rhannu'r gofod cyfyng cyfrin efo hi. Doedd Dafina ddim yn un i falu awyr, a ddylai hi ddim wedi bod yn sioc iddo ei bod wedi gofyn iddo'n blwmp ac yn blaen (ew, roedd Noa yn casáu'r ymadrodd yna, ond roedd o'n gwbwl briodol rŵan). Yn blwmp ac yn blaen. Yn blaen ac yn blwmp. Ai chdi wnaeth,

Noa? Ai chdi sydd wedi bod yn gneud petha rhyfadd rownd y dre?

Peth rhyfadd ydi euogrwydd, meddyliodd. Tydi o'n poeni dim i gartra pwy mae o'n neidio, os ydi o i fod yno ai peidio. Daeth yr euogrwydd i setlo yn wyneb Noa, er bod ganddo ddim lle i fod yno. Gwridodd, a daeth yr atal deud yn ôl fel rhaff rownd ei eiriau, yn eu tynnu'n ôl gyda herc unwaith roeddan nhw'n trio dod yn rhydd. Pan ddaeth y 'Na, na... dim fi....' doedden nhw ddim hyd yn oed yn argyhoeddi Noa ei hun. Doedd hi ddim yn hawdd anghofio'r olwg yn llygaid Dafina.

Cymerodd funud neu ddau arall ar ei wely cyn ymbalfalu am y ffôn i weld pwy oedd yn amharu ar ei stafell lwyd. Neges destun gan Ceri. Un byr. Y llythrennau'n dwt ac yn gul ac yn lân:

Isio siarad. Cfod wrth y Big Top?

Yna daeth un arall, yn fwy uniongyrchol, yn fwy ingol.

Plis, Noa. X

Gwthiodd y ffôn dan ryw glustogau oedd ganddo ym mhen draw'r gwely, nes ei fygu. Rhoddodd ei ddwylo dros ei glustiau.

PENNOD 28

Edwin

DOEDD O DDIM wedi bwriadu mynd yno o gwbwl. Wedi
cau'r cyrtens yn y stafell fyw ac wedi eistedd yno'n edrych
ar siapiau'r cysgodion. Yn teimlo'r cysgod oedd wedi bod
drosto fel amdo yn ailgymryd ei le, ers i Ann farw y llynedd.
Roedd y syrcas yn ddigon pell iddo fedru ei hanwybyddu.

Cynnodd sigarét a thynnu'n daer arni hi, gan bwyso'n ôl yn
y gadair freichiau i'w mwynhau. Ailddechrau smocio oedd un
o'r pethau cyntaf wnaeth o ar ôl iddo ei cholli. Doedd hi ddim
yn medru dioddef iddo smygu yn y tŷ, hyd yn oed cyn i'r peth
ddechrau mynd yn anffasiynol. Ond dim gweithred o wrthryfel
oedd ailddechrau. A'r galar yn bygwth ei dagu, roedd o wedi
troi at rywbeth oedd yn gwneud iddo deimlo rhywbeth, blasu
rhywbeth. Ac yntau'n trio byw ynghanol ei farwolaeth, pan
oedd marwolaeth yn fwy real na bywyd, pan oedd rhoi un troed
o flaen y llall yn weithred o gyflawniad mewn diwrnod, roedd
medru mwynhau smôc yn braf. Yn rhyw fath o fuddugoliaeth.
Ac o dipyn i beth, mentrodd y traed y tu allan i'r drws ac i lawr
y stryd, ac i'w waith yn ôl. Roedd pobol yn ei longyfarch am
ymdopi mor dda, heb ddeall bod byw ar ôl colli rhywun fel
bwyta pryd o lobsgóws heb halen na phupur, heb flas yn y byd
arno.

'Blydi idiot!' gwaeddodd ar neb, ar bawb. Yna cododd, a

thywallt gwydraid mawr o wisgi iddo fo'i hun o'r botel ar y seidbord. Aeth yn ôl at ei gadair freichiau a suddo i mewn iddi.

Roedd pethau'n dechrau gwella, neu ryw lun ar wella. Ond roedd o'n dal i'w gweld hi ymhob man. Yn llygaid merched oedd yn ei basio yn y stryd, yn harddwch distaw buwch goch gota annhymhorol ar ffenest y gegin. Ac yn Ceri. Roedd o'n ei gweld hi yn Ceri yn fwy na neb.

Wedyn daeth y breuddwydion. A'r rheiny oedd wedi styrbio pethau go iawn. Yn hafan ar y dechrau, yn rhywle lle gallai fyw unwaith eto, a chwerthin a blasu a charu. Ac eto roedd deffro i'r lle oer gwag wrth ei ymyl, wedi deugain mlynedd, yn waeth ar ôl medru mwynhau ei chwmni a'i gwres, y sylweddoliad oer yn gic yn ei geilliau.

Breuddwyd y gwch oedd yr un gyson. Breuddwydio ei fod o'n rhwyfo ar lyn oedd yn llonydd fel gwydr, yn rhwyfo a rhwyfo yn bell allan, a swish-swish y rhwyfau'n torri drwy'r dŵr yn alaw dyner. Weithiau roedd Ann yno hefo fo, ei llaw yn rhedeg yn ddioglyd ar wyneb y dŵr, ac yn gwenu arno, a thop ei thrwyn yn crychu. Dro arall roedd o wedi gadael Ann ar y lan. Roedd hi yno fel cerflun, ei llaw wedi codi mewn ffarwél fythol. Dro arall...

Ac wedyn roedd y breuddwydion yn fwy cymysglyd. Roedd o'n meddwl mai Ann oedd yn y gwch efo fo. Ond Ceri oedd hi, Ceri efo llais ac ystum a chyffyrddiad Ann. Ac wedyn roedd y blydi Arthur 'na ar y sîn, yn y gwch efo nhw, a'i wefla glyb a'i ddwylo powld o drosti hi ym mhob man.

Deffro wedyn yn chwys diferol a blas ei chroen ar ei dafod, aroglau'i chorff yn ei lethu. Euogrwydd yn pwyso fel blanced drom drosto, yn bygwth ei fygu. Ac eto roedd o'n ysu am y teimlad eto, am euogrwydd yr oedd yn fodlon ei ddioddef eto tasai'n cael un noson arall o deimlo rhywbeth ond gwacter.

Soniodd Edwin ddim gair am y peth wrth neb, ond roedd o wedi mynd i deimlo bod colli rhywun, bod galar yn gwneud i chi fynd 'off 'ych pen', yn dwlali. Roedd o'n gweld rhywun yn troi ar gornel stryd ac yn ei dilyn, am fod ganddi gôt 'run lliw, gwallt 'run steil. Clywai lais weithiau – ar y teledu, ar y radio, yn y stryd – llais oedd yn deud rhywbeth yn yr un ffordd â hi, gyda'r un oslef. Ac yn yr un modd, pan oedd rhywun yn garedig, yn cymryd sylw o'r hyn roedd o'n ei ddeud, fel tasa fo'n cyfri eto, wedyn roedd pethau'n mynd yn slwj yn ei ben. Yn ei galon.

Doedd o ddim wedi meddwl i bethau fynd mor bell. Roedd y peth yn troi yn ei ben eto ac eto. Myrraeth oedd o. Syniad a dyfodd ganol nos pan oedd pob dim i'w weld yn bosib. Rhywbeth i symud ei feddwl, i greu diddordeb. Rhywbeth i dynnu ei sylw. Feddyliodd o rioed y basai pethau'n mynd mor bell.

Cadw'n glir o'r syrcas fasai orau heno. Cododd a thywallt gwydryn nobl arall o wisgi iddo fo'i hun, a'i yfed ar ei dalcen.

'Blydi idiot,' mwmiodd, gan agor caead y botel drachefn.

Noa

HANNER AWR YN ddiweddarach, roedd Noa yn sefyll ar y bryncyn bach yn edrych ar y dref yn sgleinio, a'r syrcas fel coelcerth fawr o sŵn a gwres ar y marian. Gwthiai'r awel fain, oedd yn fwy rhyfygus yma ar y boncan, rhwng plygiadau ei ddillad, gan beri iddo grynu. Tasai ganddo'i babell ei hun, meddyliodd, mi fasai ei gosod yn fan'ma yn syniad da. Mi fyddai'n medru gweld pawb, ond fyddai neb yn medru ei weld o. Fyddai o ddim yn medru gweld wynebau a mynegiant pobol o ben fan'ma, wrth gwrs, na chlywed eu lleisiau. Na'u geiriau cas. Yn hytrach, fe fyddai'n medru cael yr argraff roedd o'n dewis ei gael o'i gyd-ddyn, yn medru rheoli'n union sut rai oedden nhw. Rhai bychan, tawel, oedd yn mynd o gwmpas eu pethau fel morgrug, heb amharu arno o gwbwl.

Wedi dŵad yma'n fyrbwyll oedd o. Un funud roedd o'n eistedd ar ei wely, a'r funud nesa, roedd o'n symud yn chwim drwy'r dref wag, yn cael ei dynnu fel gwyfyn at y golau a'r miri, ac eto'n casáu'r ffaith ei fod yno. Chwiliodd yn ofer am Ceri, ond roedd gormod o griw iddo fedru ei gweld, felly mi anelodd ei draed at fan'ma, at y bryncyn bach hwn o wareidd-dra. Ond roedd hi'n rhy oer i sefyllian yma'n hir. Fe fyddai'n gorff erbyn y bore. Ceisiodd wthio atyniad y syniad hwnnw o'i feddwl drwy symud, a dechrau cerdded i lawr yn ôl, ac esgyrn ei bengliniau'n brathu wrth iddynt gymryd straen y disgyniad.

Fe roddai ddeg munud eto i fynd rownd y syrcas ar wib yn chwilio am Ceri, ac wedyn fe fyddai'n cilio yn ôl adra i glydwch ei bry cop a'i stafell a'i gelfi mud, ffyddlon. Fe fyddai wedi gwneud ei ddyletswydd, wedi gwneud ymgais i chwilio amdani.

Chwyddodd y cwmwl o sŵn annirnadwy wrth iddo nesáu at bebyll y syrcas. A daeth y synau unigol, y gweiddi a'r chwerthin, daeth y rheiny yn gymysg efo arogleuon unigol, o nionod yn ffrio, o gandi fflos yn *bouffant* pinc ar briciau, o *aftershave* a chwys. Sŵn ac oglau perygl.

Symudodd drwy'r dorf gan geisio peidio dal llygad neb, ond gan edrych drwy gil ei lygaid hefyd, am Ceri. Tasai ganddi wallt melyn fe fyddai pethau'n haws. Ond harddwch dan gwmwl oedd gan Ceri, ac roedd yn gallu ymdoddi i dorf heb i neb sylwi ar ei gwerth.

Wedi cyrraedd y Big Top, nesaodd Noa at yr hollt reit lydan yn y babell oedd yn gwneud fel drws. Roedd yna berfformiad yn mynd yn ei flaen yn barod, o'r gweiddi a'r cymeradwyo, a bonllef y llais ar y meicroffon. Rhoddodd ei lygad wrth yr hollt a gweld digon i fedru gweld beth oedd yn mynd ymlaen. Yr hwyl oedd fod ambell lencyn yn trio neidio ar gefn ceffyl oedd yn gwibio heibio o amgylch y cylch gwallgo. Roedd yr hogia'n sefyll ar ddrymiau mawr a llun sêr arnyn nhw, i'w codi ychydig bach o'r llawr er mwyn iddyn nhw gael gobaith. Roedd y ceffylau'n cael eu harwain gan ddynion y syrcas efo capiau stabal fel un Edwin, ac yn gwneud sioe o gogio gwneud i'r ceffylau arafu wrth nesáu at y llanciau, dim ond i roi sbardun yn ystlys y ceffyl wedyn fel bod yr ymgais yn methu, i fonllefau o chwerthin y dyrfa.

Yn raddol, wrth sbecian ar yr olygfa, dechreuodd Noa ymlacio a mwynhau'r hwyl, gan anghofio lle roedd o am funud. Roedd hi'n hwyl gweld yr ymffrost yn troi'n wyleidd-dra, a'r *compere* yn feistr ar odro'r elfen gomig i'r eithaf.

Doedd o ddim yn barod felly am y plwc egr ar ei hwd a barodd iddo faglu yn ôl am eiliad.

'Hoi, chdi! Be ti'n neud?'

Edrychodd i fyny ac ailafael a chael ei draed dano cyn gynted ag y medrai, ond roedd yr hergwd wedi ei ddisodli.

'Dyma fo, 'lwch! Yr hen shinach!'

Nabyddodd lais Rita yn syth, ond roedd ei geiriau'n morio fwy nag arfer, yn felodi faleisus llawn gwenwyn.

'Meddwl ma fan'ma basat ti'n sbecian ar bawb! Y snichyn bach rhyfadd!'

Roedd hi'n edrych arno, a'r colur yn fwy blêr nag arfer, gan ei gwneud yn debycach byth i glown. Disgleiriai ei llygaid fel dwy farblen yn y lliw glas llachar o'u hamgylch, ac roedd ei cheg wedi troi mewn ystum o ffieidd-dra tuag ato. Sylweddolodd Noa ei bod wedi meddwi.

'Dim... Dim byd. Mond dŵad draw i weld y —' mwmiodd Noa.

Taflodd Rita fraich allan fel tasai ar fin canu aria. Simsanodd rhyw fymryn ar ei thraed.

'Dyma fo! Hwn 'di o! Hwn sy 'di bod yn gneud petha ofnadwy i betha pobol rownd Treheli 'ma! Hwn!'

Dechreuodd y rhai oedd yn ei ymyl sibrwd a chlosio yn nes at ei gilydd, a dechrau cau amdano a'i amgylchynu.

'Naci, wir! Naci, nid y fi.'

Clywodd lais rhywun yn gwatwar ei eiriau mewn llais uchel merchetaidd, i fonllef o chwerthin cwpwl o fêts.

'Be sy? Ofn dy gysgod allan yn fan'ma, w't? Ynghanol pawb? Dim bw na be i ga'l gin ti!'

Roedd Rita wedi dechrau mynd i hwyl, ac yn cynhesu at ei rôl, o weld bod ei chynulleidfa yn dechrau tyfu.

'Be sgin ti i ddeud? Hmm?'

'Arestiwch o!' gwaeddodd rhywun.

'Lle ma'r blydi maer 'na 'sa'n gneud rhwbath?' galwodd rhywun arall, a dechreuodd rhywun gymeradwyo.

'Ti'n llygad dy le, boi!' moriodd Rita, gan frwydro i sadio ei dwy droed. 'Yn llygad dy le, yli! Ia, lle mae o? Hy?'

''Di bod o 'ma'n rhy hir ma hwn!'

'Dysgu castia drwg yn y lle pell 'na!'

'Dylia bod chdi 'di ca'l *ban*, yli! *Ban* o 'ma am byth! Am be wnest ti!'

Teimlodd Noa rywun yn ei brocio yn ei gefn. Trodd a gweld un o'r hogia ifanc oedd wedi bod yn ei boenydio ynghynt wrth y caffi. Rhythodd arni. Cafodd grechwen yn ôl.

'*Weirdo*!'

Gwthiodd rhywun arall yn ei erbyn.

'Nytar!'

'Pyrf!'

''Di o'm fatha ni!'

Ac wedyn aeth hi'n un carnifal o wthio a hergydio a phwnio, yn dod o bob cyfeiriad. A sŵn y syrcas a'r miwsig a'r bloeddio a'r sisial a'r bygythiadau i gyd yn mynd yn un wrth i'r dorf gau amdano'n araf ond yn sicr.

'Na! Naci! Nid fi! Nid fi sy!'

Yna, taflwyd rhywbeth meddal ato, rhywbeth meddal coch, gan ei daro ar ei dalcen a diferu'n araf ac yn waedlyd i lawr ei drwyn. Dechreuodd pobol chwerthin, ac ambell un i weiddi fel mwncïod.

'Siot!'

'Un arall! Tomato arall yn ei lygad o tro 'ma! Go on!'

'Go oooooon!'

'Na!'

Meddyliodd Noa am funud mai ei lais o'i hun oedd o eto, ond wedyn gwelodd Ceri yn gwthio'i ffordd drwy'r giwed, yn dŵad ato ac yn rhoi ei braich o'i gwmpas o, gan sychu'r slwj tomato i ffwrdd efo'i dwylo. Yna, trodd i rythu ar y dorf.

'Cerwch o 'ma'r diawlad! Y bastads annifyr! Dach chi'm yn gweld be dach chi'n neud iddo fo! Y bwlis uffar!'

Mentrodd Rita yn ei blaen nes ei bod yn rhythu o fewn modfeddi iddyn nhw. Roedd hi'n dal yn simsan ar ei thraed, ac roedd yr ogla diod yn gryf ar ei gwynt.

'Gwranda di arna i, mechan i,' meddai'n floesg. 'Safa di o ffor' os ti isio dal gafa'l yn dy job, ti'n 'nallt i? O ffor'! Rŵan!'

'Stwffiwch eich blydi job gachu!' meddai Ceri, a dechrau arwain Noa oddi wrthyn nhw. Gallai Noa deimlo ei bysedd esgyrnog yn naddu i mewn i'w fraich denau yntau. Asgwrn yn erbyn asgwrn. Hanfod wrth hanfod.

'Tyd â fo'n ôl! 'Dan ni'm 'di gorffan efo fo eto!'

Roedd y don o gynddaredd bron yn gyffyrddadwy, yn chwyddo y tu ôl iddyn nhw fel rhyw fwystfil rheibus.

'Darniwch o! Malwch o!'

A dyna pryd y penderfynodd Noa ddechrau rhedeg. Doedd o ddim yn benderfyniad yn yr ystyr bod ei feddwl wedi pwyso a mesur yr opsiynau ac wedi dewis un ohonyn nhw. Roedd yr awydd i redeg yn rhywbeth mwy cyntefig na hynny, yn rhywbeth greddfol, yn rhywbeth doedd wnelo penderfyniad ddim â fo.

'Noa! Lle ti'n mynd? Noa!'

Ond roedd llais Ceri'n perthyn i rywbeth arall, i rywle arall.

Torrodd ei gorff main fel cyllell drwy awyr y nos, drwy oerni'r awel nes iddo ffeindio düwch llonydd oedd yn fodlon taenu ei glogyn amdano.

Edwin

CARIODD EI DRAED simsan Edwin i gyrion y dref, a rhythm
y bas yn y gerddoriaeth yn codi drwy'r pridd a thrwy
ei gorff cyfan. Roedd yr awyr iach eisoes wedi gwneud i'w
ben ddechrau troi. Dwedodd ambell un 'helô' wrth basio, a
gwenodd Edwin yn ôl, gan deimlo y basai'n well iddo beidio
siarad. Roedd o'n ddigon sobor i weld hynny. Nofiodd yr oglau
nionod a'r oglau candi fflos i oglais ei ffroenau, a chafodd
don o gynhesrwydd wrth iddo basio'r stondin gwerthu cŵn
poeth. Roedd 'na bobol yn symud fel llif o gyfeiriad y syrcas, a
thortshys fel anifeiliaid unllygeidiog yn y tywyllwch. Rhyfadd,
meddai Edwin wrtho'i hun, a'i feddwl yntau'n llifo efo nhw.
Rhyfadd eu bod nhw i gyd yn gadael fel hyn. A gallai flasu'u
cynddaredd bron iawn wrth iddynt ei basio. Ond yn ei flaen yr
aeth o, yn erbyn y llif, gan drio peidio dal llygad neb, a theimlo
pinnau'r nos yn pigo'n braf.

Tasai wedi cael dewis dau o bobol i beidio eu gweld, Rita a
Richard Preis y maer fasai'r rheiny. Ond wrth iddo droi heibio
un babell ar ei ffordd at ben draw'r marian, dyna lle'r oedd y
ddau yn swatio yng nghlydwch hafn rhwng un babell wag a'r
llall. Ond doedd dim byd clyd yn eu hymarweddiad, gallai hyd
yn oed Edwin weld hynny. Swatiodd yntau'n nes at ochr arall
y babell, heb fwriadu sefyll yno'n gwrando, ac eto heb fedru
symud i ffwrdd.

'Cripil, dyna ddudist ti!'

'Mae'n ca'l dwrnod da! Be fedra i ddeud?'

'A dŵad â hi yma! Yn ei ffycin het! A chditha'n gwbod yn iawn 'mod i —'

'Be o'n i fod i ddeud wrthi? A hitha isio —'

'Isio! Blydi isio! Beth amdana i, Rich? E? Ti 'di gneud ffŵl go iawn ohona i, do! Yn do, chdi a dy blydi tsiaen!'

Pwniodd Rita frest y maer, a diolchodd Edwin yn ddistaw nad oedd o'n gwisgo ei tsiaen ar y funud honno, ne mi fasai hi wedi cleisio'i dwrn, garantîd.

'A gada'l i'r blydi Noa 'na grwydro o gwmpas fel tasa fo pia'r lle! Ar ôl pob dim mae o 'di neud!'

'To'dd o'm yn iawn. Troi ar yr hogyn fel'na! Pawb yn ffiaidd efo fo!'

'Ffiaidd! Sgin ti'm syniad sut ma pobol yn teimlo, nag oes! Dim blydi syniad!'

Dadebrodd Edwin o'i barlys wrth glywed enw Noa, a dechreuodd gilio'n ôl yn raddol o'i guddfan. Ond welodd o mo raff dynhau'r babell oedd yn ymestyn allan o'r ddaear, a bu ond y dim iddo landio ar ei din ar ôl baglu'n ôl gam neu ddau. Edrychodd o ddim yn ôl, ond roedd yn amlwg o'r ffordd roedd y ddau wedi stopio siarad eu bod wedi synhwyro bod rhywun yn dyst i'w sgwrs.

'Adra. Adra. Adra. Adra.'

Canodd y gair fel mantra yn ei ben. Roedd yn rhaid iddo gael mynd adra a chau'r drws ar bawb. Ddylai o ddim fod wedi dŵad yma o gwbwl. Nofiodd y sŵn o'r syrcas wrth ei ymyl, yn ei gario yn ei flaen fel afon, bron, heb iddo orfod gwneud dim byd. Adra. Adra. Adra.

Clywed ei llais wnaeth o yn gyntaf. Ar gyrion y syrcas ar y ffordd allan o'r dref, lle roedd pob man yn dywyll, y sioe wedi llyncu pob golau, gan ddwysáu pob tywyllwch, pob sŵn. Clywed ei llais, er nad oedd o erioed wedi clywed ei llais yn swnio fel hyn chwaith. Ddim yn ymbil fel hyn. Fel anifail.

'Plis, Mart, plis rhaid chdi ddallt, o'dd 'na neb arall i sefyll drosto fo. Fedrwn i'm jyst … sefyll i'r ochr a… plis… PLIS!'

Chlywodd o mo'r dwrn yn ei tharo, dim ond clywed ei hadwaith hi, yn rhoi ei llaw ar ei boch a'i rhwbio.

'Bastad!' Codai ei llais yn uwch ac yn uwch, fel deryn. 'BASTAAAD!'

Roedd 'na ryw fath o dawelwch wedyn, a sŵn y syrcas bron iawn wedi tewi, yn bellach nag erioed.

Ac yna roedd hi wedi mynd. Yn hanner rhedeg, hanner baglu i gyfeiriad y môr a'r uffar annifyr yna ar ei hôl hi, cyn i Edwin gael cyfle i'w sortio fo. Cyn i Edwin gael ei roi yn ei le am feiddio codi'i ddwrn arni. Arni hi, o bawb.

Codi dwrn. Mynd yno i'r tŷ teras a'i ddyrnau fel dwy garreg wnaeth Edwin. Ei galon yn garreg hefyd. Ac yn ei ben, yn rhyfadd, roedd Edwin yn gweld canol caled y blodau ffendiodd o yn y bin yn yr ardd adra, wedi eu gwasgu dan fagiau duon, eu lliw yn dal i sbecian a phryfocio. Arthur, medda Ann. Yn niwsans. Yn peidio gada'l llonydd… Calon galed y blodau rheiny oedd yn ei ben o pan gurodd o'r drws y tro hwnnw. Calon galed fel dwrn.

Noa'n agor y drws a'r clais fel blodyn piws dros un lygad. Bron 'sa fo'n ddel, blaw bo chi'n gwbod. Yn gwbod. A chywilydd gynno fo. Dyna dorrodd galon Edwin. Y cywilydd yn llygaid mawr Noa. Ac wedyn Arthur yn gawr y tu ôl iddo fo yn y pasej, yn gwenu yn ei wyneb o, fel tasa'm ots yn y byd.

Simsanodd Edwin eto wrth i ryw don o sicdod godi o'i berfedd cyn tawelu eto.

Adra. Adra. Adra.

Noa

MAE O WEDI dechrau mynd i rythm, gwadnau'i sgidiau yn creu rhyw guriad arbennig ar balmentydd y dref, yn chwyddo'n fwy yn ei glustiau ei hun, yn peri i'r gwaed yn ei ben ddawnsio i'r tempo hwnnw a 'run arall. Tydi o'n clywed dim gwerth o'r syrcas rŵan, ac mae o'n tewi'r geiriau hyll drwy glep clep clep ei draed. Eto ac eto, heb wybod i ble mae o'n mynd. Dim ond y rhythm sy'n bwysig, a'r ffaith ei fod o'n anadlu. Ei gorff yn gweithio iddo fo. Yn gyfaill.

Roedd o'n rhedeg fel hyn ers talwm. Yn rhedeg i rywle, i nunlle, yn falch o gael dibynnu ar ei gorff i'w gario mlaen, o gael injan ei galon yn gweithio. Rhoddodd yr ysgol breswyl stop ar ormod o ymarfer corff, deud ei fod yn obsesiwn ganddo fo, ac y dylai wneud pethau oedd yn ei ymlacio ac yn gadael i'w gorff orffwys. Heb wybod mai gorffwys oedd y gelyn, mai gwneud dim oedd y diafol oedd yn gadael i bethau eraill sleifio i mewn.

Mae'r gân yn dod i ben yn frwnt wrth iddo faglu ar ryw dwll bach di-nod yn y llawr, a'r strydoedd a'r pafin a'r tai yn igam-ogam hyll wrth iddo hedfan drwy'r awyr. Gorwedda yno am ryw ddau funud, yn syllu ar y sêr yn rywsut rywsut yn yr awyr. Yn teimlo'n fychan braf wrth sbio i fyny ar y düwch mawr. Yna mae'n teimlo'r boen yn ei ffêr. O straffaglu ar ei draed, mae o'n gwybod mai'r ffêr honno fydd yn brifo, yn gwrthod cymryd ei bwysau. Gall ei theimlo'n chwyddo ac yn protestio yn erbyn y gnoc, yn pwdu'n byffiog ar ddim. Daw'r hen eliffant a'i lygaid trist i feddwl Noa, ei draed mawr fel lympiau o glai, yn llyffethair iddo. Rhaid iddo ffeindio lloches, rhywle i fod yn saff. Fel anifail clwyfedig, mae o mewn peryg, a'r dorf yn udo am ei waed. Ymlaen, ymlaen, yn hercian mynd am ei einioes, gan daflu golwg gyson dros ei ysgwydd wrth fynd, tan i'r goelcerth ffyrnig o liwiau bylu a distewi'n ddistaw bach.

Does dim golau yn ffenestri'r byngalo bach cyntaf mae o'n ei weld ar gyrion y dref, ac mae 'na lwybr i'r cefn heb giât na dim arall i'w rwystro. Mae o'n symud yn arafach rŵan, herc, herc, herc, gan edrych o hyd ar y ffenestri i weld os oes unrhyw symudiad yn y llenni, unrhyw dortsh yn cael ei goleuo y tu mewn. Mae hi'n ardd hir, yn un braf, efo llwyni yn ei hamgylchynu. Y tu hwnt i ffiniau'r ardd, mae'r goedwig fechan sy'n perthyn i gyngor y dref. Er bod Noa wedi bod yno sawl gwaith yn chwarae, tydi o ddim wedi ei gweld o'r ongl yma o'r blaen, ac mae'r goedlan yn edrych yn ddiarth. Edrycha eto o gwmpas yr ardd, heb fentro ymhellach i mewn iddi. Does dim cwt ci. Dim cwt ieir fasai'n ffrwydro'n oglais o sŵn a phlu. Ond mae 'na dŷ haul bach ym mhen draw'r ardd, a'r ffenestri'n llydan ac yn braf, a llwyfan bach o'i flaen ar gyfer eistedd yn yr haf. Mae o'n symud yn herciog yn ei flaen, un droed ar y tro, gan edrych yn ôl o hyd ar y tŷ, sy'n dywyll dawedog o hyd.

Wedi cyrraedd y tŷ haul mae'n craffu i mewn. Cadeiriau gardd plastig sydd yno, wedi eu cadw'n daclus ar ddiwedd tymor. Mae yno glustogau hir i'w rhoi ar y cadeiriau, a'r rheiny wedi cael eu rhoi i sefyll ar y wal gefn, fel petaen nhw'n gwarchod y dodrefn. Wrth edrych ar y drws, mae ei galon yn suddo o weld clo llyffant yn clymu'r ddwy handlen naill ochr i'w gilydd, ond o edrych ar y clo, mae'r rhwd wedi bwyta i mewn i'r metel. I'r chwith, gwela Noa lyffant mawr seramig yn eistedd yn foldew ar y patio, fel brawd mawr i'r clo. Heb feddwl yn hir, mae'n ei ddefnyddio i roi clec i'r clo, ond y llyffant sy'n colli'r frwydr ac mae'n torri'n dipiau mân. Sylla Noa ar y darnau pigog am eiliad, cyn eu rhoi yn barchus ar ymyl y patio a chwilio am rywbeth arall. Mae'n gweld carreg maint taten ac yn cnocio cnocio efo hi, ond mae'r hen glo rhydlyd yn styfnig yn erbyn hwnnw hefyd.

'Dyfal donc,' meddai Noa. 'Dyfal donc.'

Rhywbeth ddysgodd o rywdro yn rhuthro i'w gysuro. Ond gwrthod ildio mae'r clo. Mae'n gafael yn handlen y ddau ddrws ac yn eu gwahanu'n araf, gyda thrafferth, fel mam yn gwahanu dau blentyn mewn ffeit. Ond gwrthod symud oddi wrth ei gilydd yn herciog maen nhwythau hefyd, ac mae Noa yn gweld ei hun yn dwp yn gwneud hynny a'r clo'n dal yno. Ella ei fod o'n dechrau colli arno. Methu meddwl yn glir.

Stopia a gwrando. Meddylia ei fod o'n clywed sŵn, rhyw siffrwd yn y llwyni. Mae ei synhwyrau'n siarp fel ci, mae'n dal ei wynt, ei lygaid yn sgubo ar draws yr ardd. Dim. Dim byd. Ac wedyn mae o'n teimlo'r boen yn ei ffêr eto, ac yn gwybod bod yn rhaid iddo ildio, a llechu a chuddio yma am awr neu ddwy. Neu am byth.

Symuda o gwmpas y tŷ haul fel lleidr, a gweld un ffenest hir dal ar ochr yr adeilad. A'r garreg yn ei law o hyd, mae'n edrych eto o gwmpas yr ardd ac yna'n torri'r gwydr yn deilchion nes gwneud twll siâp seren, fatha ffenest wedi torri mewn cartŵn. Mae o'n rhewi, fatha cerflun. Fatha hwnnw, rhewi, a gwrando a oes 'na rywun allan yna wedi clywed. Ond mae hon yn joban flerach na hynny, ac mae'n rhaid iddo ddobio'r garreg dair gwaith er mwyn i'r twll fod yn ddigon iddo fedru mynd drwyddo.

Sleifia i mewn drwy'r twll yn y gwydr, a gollwng ei hun ar y llawr, yn ei gwman. Mae'r ffêr yn dechrau pwmpio mewn poen. Wrth gau ei lygaid mae o'n clywed y syrcas a'r geiriau a'r chwerthin hyll, ond wrth afael yn ei ffêr a gwasgu arni, hi sy'n ennill, a dydi o'n medru meddwl am ddim byd arall. Brifo braf. Y ddau efaill. Fatha pupur a halen.

Isabella

Maen nhw'n dal i sbio arni. Fyny fan'na. Yn wincio. Yn gwybod. Ac yn wincio ac yn chwerthin. Sssh! Sdim isio deud! Misho deud, nag oes? Sssh!

Sêr ydyn nhw. Sêr. Mae hi'n deud y gair yn uchel, ond does neb yn ateb. Neb yn clywed allan yn fan'ma.

Mae'r coed yn estyn eu breichiau ffwr gwyrdd amdanach chi. Trio'i stopio hi maen nhw. Trio'i dal hi'n ôl. Breichiau tena fel esgyrn. Naci… nid esgyrn. Mae 'na rai ar lawr hefyd, yn trio dal ei sgidia, ei thynnu hi lawr i'r düwch. Ond chawn nhw ddim. I'r syrcas mae hi'n mynd. Mae hi'n clywed y bwm bwm bwm ac yn clywed y chwerthin a'r canu a'r dawnsio a'r swsus a'r nionod yn ffrio. I ffwrdd o fan'ma, ac ogla baw a phridd a hen hen ddail yn eich dal chi'n ôl.

Ac wedyn mae 'na sŵn arall. Yn uwch o lawer. Sŵn siarp, glân. Ia, glân… ond nid glân disinff… disinff a dwrdio fel yn y lle 'na. 'Ach, sbia…' Na, glân fel diod o ddŵr. Naci, fel gwydrau siampên yn clinc-clincio. Yn gân ar draws y lle 'ma, ar draws y lle du 'ma efo'r ogla ffwr gwyrdd, y mwsog. Ia, mwsog. A'r bysedd sy'n gafael.

Ac eto! Mae hi'n ei glywed o eto. Clincian pobol hapus, y clincian sy'n wincio yn y tywyllwch, a'r breichiau'n trio gafael ynddach chi a'ch tynnu chi'n ôl fel sgwarnog. Lle mae o? Lle mae'r sŵn? Mae hi'n symud yn gynt, yn medru sleifio o afael y breichiau a'r bysedd. Mae hi'n dawnsio, yn dawnsio dros y dwylo ar y llawr, yn neidio, yn hardd wrth yrru mlaen, wrth symud symud yn nes nes at y sŵn tincial.

Mae 'na wal ac un o'r pethau 'na – gwên, fel giât. Giât fach. A gardd wedyn. Lle braf efo lot o bethau fel bwganod yn chwarae cuddio. Ond does arni hi ddim ofn. Tydyn nhw'n symud dim. Natur ydi o. Naturiol. Tydi natur ddim yn gwneud dim drwg i neb os geith o lonydd. Ond y tŷ mae hi'n ei weld. Y tŷ bach chwarae tŷ bach sy'n aros amdani. A thu mewn i'r tŷ... Tu mewn i'r tŷ mae 'na ysbryd, wyneb gwyn gwyn fel ysbryd. Yn sbio arni hi. Ac mae hithau'n sbio'n ôl, a'r sêr yn wincio arnyn nhw.

Dyn. Dyn 'di o. Un hir. Tena. Yn symud o un ochr i'r llall fel pendil cloc, fel y ddynas yna'n y lle 'na efo'r ogla glân sy'n cwffio ogla pi-pi ac ogla grefi. Linc di lonc. Linc. Di. Lonc. O fan'no mae o 'di dŵad? O fan'no?

'Iw! Helô! Helô!'

Mae hi'n codi ei llaw, ac mae o'n stopio linc di loncio ac yn sbio arni hi. Mae hi'n codi ei llaw, ac yna'n ei sgubo i lawr at y llawr, ei thraed yn symud yn *pirouette*. Syrcas. Dyna mae hi eisiau, dawnsio a sŵn a chwerthin fatha dŵr glân a bybls. Ond tydi o ddim yn dŵad allan ati hi chwaith, dim ond yn sbio, a'i wynab o'n wyn fatha lleuad bach tenau yn y tŷ ar waelod yr ardd. Ond pan mae hi'n codi ei llaw, mae o'n codi llaw yn ôl, efo'i wynab lleuad linc di lonc. Pan mae hi'n mynd ato fo tydi o'm yn flin ond mae o'n glên. Ydyn nhw wedi trefnu cyfarfod? Gwneud oed? Ond mae o'n wyn ac yn ifanc a'i wallt o'n dywyll o gwmpas ei wyneb gwyn o.

Mae 'na dwll mawr fatha seren yn y ffenast. Does neb arall yn gwybod. Mae hi'n camu drwyddo fo'n braf, ac yn teimlo pigyn ar ei braich, ond dim arall. Mae hi i mewn.

'Pam dach chi yma, Isabella?' medda fo, ond tydi o ddim yn un o'r cwestiynau yna sy'n disgwyl ateb a'ch dal chi allan. Ac mae ei henw'n canu pan mae o'n ei ddeud o. Mae o'n ei nabod hi. Ei nabod hi. Mae hi'n giglan ac mae o'n swnio fel nant yn giglan drwy'r coed, a neb ond y nhw yn dallt.

Mae o wedi brifo. Yn eistedd i lawr wedi brifo ar un o'r pethau 'na… y pethau ista… a rwb rwb rwbio'i droed a'i goes fel 'sa fo'n trio gwneud tân efo nhw. Rhwbio pricia i wneud tân.

'Coes bren?' meddai, ac mae'r dyn wyneb gwyn yn chwerthin, ac wedyn mae hi'n chwerthin, er tydi hi ddim yn siŵr pam chwaith.

'Mots,' meddai hi. 'Mots, nac'di?'

'Nac'di, nac'di, Isabella,' medda fo. 'Steddwch. Steddwch am funud.'

''Ngwash i. 'Ngwash gwyn i.'

Mae hi'n eistedd ar un o'r pethau gwyn ac mae o'n symud linc di lonc ac yn eistedd wrth ei hymyl ac yn codi'i goes a'i bwyso ar rwbath.

Mae ei dwylo hi'n oer ac mae hi'n gosod ei dwylo fatha Iesu Grist yn y llyfr ar waelod ei goes o. Mae o'n gwenu arni hi ac yn cau ei lygaid.

'Braf,' medda fo. 'Braf…'

'Ia, 'ngwash i? Braf, ia? Braf 'di hyn. Mam yn gneud chdi'n well? Idris bach. 'Ngwash i. 'Ngwaaaash i.'

'Ia,' meddai 'Idris', ac mae o'n dal i gau ei lygaid ac yn gwenu, ond mae 'na ychydig bach o'r dagrau'n dengid ac yn symud fatha nant i lawr ei wyneb gwyn tlws o.

Ceri

Tasai Ceri wedi curo ar ddrws Edwin Parry efo'r un rhythm â churiad ei chalon yn ei brest, yna fe fyddai wedi deffro stryd gyfan, y dref i gyd a hyd yn oed y pentref y tu hwnt i Dreheli.

Oedodd wedi'r rat-tat-tat oedd yn swnio'n fyddarol i'w chlustiau. Daliodd ei gwynt, a chraffu i fyny ac i lawr y stryd, gan hanner disgwyl gweld Mart yn llamu i lawr y stryd ar ei hôl fatha rhyw gawr mewn ffilm arswyd i blant. Ond doedd neb o gwmpas, dim cyrtans yn symud, dim pobol yn craffu arni o bellafoedd rhyw ffenestri atic. Dim Mart.

Mentrodd guro eto. Rhyw gnocar digon di-nod oedd gan Edwin, fel tasai eisiau i'w ddrws ffrynt doddi i mewn i ddrws ffrynt pawb arall. Ac roedd hynny'n siwtio Edwin i'r dim, meddyliodd Ceri, a'r meddyliau yma'n helpu, yn lleddfu rhywfaint ar ei phanig. Rhyw ddyn dim eisiau ffŷs oedd Edwin, ddim eisiau tynnu sylw ato'i hun chwaith, fel ei ddrws ffrynt. Roedd drws tŷ yn bwysig, yn rhywbeth oedd yn eich disgrifio chi i'r byd, deud beth ydach chi wrth bawb. Llewes aur fasai ganddi hi fel cnocar. Un del, ond yn rhybudd i bobol beidio dŵad yn rhy agos.

Cin 'el, cym on! Cym on, Edwin! meddyliodd, o weld fod yna 'run ateb i'w churo. Y mwyaf roedd hi'n meddwl am y peth, roedd hi'n siŵr mai i fan'ma basai Noa wedi dŵad. Fasai o ddim wedi mentro mynd adra i'w le ei hun, nid â phawb arall yn y dref yn gwybod lle roedd o'n byw. Ac o'r tempar oedd ar y dorf heno, yn feddw ar fwlio a chwrw a dial, Duw a ŵyr be fasan nhw wedi ei wneud iddo tasai'n digwydd dŵad i agor y drws. A phwy arall fasai Noa yn ei drystio digon i gnocio ar ei ddrws o i ofyn am le i guddio?

Camodd Ceri i'r dde o'r drws ffrynt a mynd i sefyll ar y graean mân oedd o dan ffenest bae fawr y rŵm ffrynt – nodwedd oedd yn gyffredin i bob un o'r tai yn y stryd arbennig yma o frics coch. Craffodd drwy'r ffenest drwy gwpanu ei llygaid â'i llaw. Gwelai ffurf Edwin ar y soffa, yn amlwg yn cysgu'n drwm, ei ben ar un ochr a'i goesau a'i freichiau wedi eu taflu fel tasai'n trio gwneud siâp seren. KO. Blydi grêt, meddyliodd Ceri. 'Sa melltan ddim yn deffro hwn rŵan. Cnociodd Ceri ar y ffenest, rhyw rat-tat-tat oedd yn fwy siarp ac yn nes ato. Dim ateb. Ond wrth iddi drio eilwaith, a'i meddwl yn dechrau rasio, yn meddwl beth fydd ei cham nesa, dadebrodd Edwin a sbio o'i gwmpas yn hurt, gan feddwl bod y sŵn y tu mewn i'r stafell ei hun. Cnociodd eto a chodi llaw, a rhythodd Edwin yn hurt arni hi, a golwg wedi dychryn arno fel tasai wedi gweld bwgan. Yna cododd o'r soffa, ac aeth Ceri yn ôl at y drws gan ddisgwyl iddo agor iddi ymhen eiliadau. Ond ddaeth Edwin ddim i'r drws. Aeth Ceri at ei ffenest eilwaith a galw.

'Edwin! Edwin! Plis! Plis, rhaid i chi helpu! Plis, Edwin!'

Safodd yno fel ci y tu allan i'r drws a disgwyl iddo agor. Roedd yr oerni'n dechrau brathu i mewn iddi, a bu'n rhaid iddi wneud rhyw ddawns wirion a stampio ar y llawr er mwyn cadw'n gynnes. Cnociodd unwaith eto, ond doedd dim arddeliad yn y gnoc. Roedd hi ar fin cerdded oddi yno, a'i meddwl wedi tawelu digon iddi ddechrau sylweddoli be'n union oedd y sefyllfa.

Agorodd y drws. Safai Edwin yno yn ei grys, oedd newydd ei stwffio i mewn i'w drowsus yn flêr. Roedd ei wallt fel nyth brân, a marciau dwfn ar groen ei wyneb lle roedd o wedi bod yn pwyso ar sip clustog yn ei gwsg.

'Be ddiawl ti'n neud 'ma?' gofynnodd, a'i lais yn isel ac yn ddwfn fel graean ei ardd. Edrychodd i fyny ac i lawr y stryd fel tasai'n chwilio am rywun arall.

'Ydi Noa...? Ydi Noa 'ma?' gofynnodd Ceri mewn llais oedd yn swnio iddi hi yn llawer rhy ifanc. Cliriodd ei gwddw a thrio eto. ''Di Noa efo chi?'

'Noa? Sna neb yma ond fi, a'r pryfaid cop!' cyfarthodd Edwin, ac eto roedd o'n swnio'n wahanol i'r arfer, a'r ogla diod yn nofio'n gryf tuag at Ceri. 'Sori,' ychwanegodd Edwin, cyn dechrau cau'r drws yn ei hwyneb.

Sodrodd Ceri cledrau ei dwy law ar y drws a gwthio'n ôl.

'Edwin, dach chi'm yn dallt! Plis ga i ddŵad i mewn? Sgin i neb arall.'

'Lle mae *lover boy*?' meddai'r llais graeanllyd yn ôl.

''Dan ni 'di gorffan,' atebodd Ceri, ond doedd ei llais ddim yn argyhoeddi hi ei hun heb sôn am neb arall. Edrychodd hithau dros ei hysgwydd yn nerfus.

'Ti'n well hebdda fo. 'Di o'm llawar o ddyn os ydi o'n —'

'Ga i ddŵad i mewn 'ta, Edwin? Plis? Sgin i nunlla arall. A rhaid i ni feddwl lle ma Noa.'

Syllodd Edwin arni, a'i lygaid wedi diflannu dan eu cloriau pwfflyd. Yna, gydag ochenaid, camodd yn ôl ac agor y drws er mwyn iddi gael mynediad i'r tŷ.

Dyn taclus oedd Edwin Parry, roedd Ceri yn sicr o hynny. Er mai yn ei ddillad gwaith y gwelai hi o fel arfer o gwmpas y dref (heblaw pan oedd o ar fusnes swyddogol efo'r maer), roedd o bob amser yn edrych yn dwt ac yn lân. Ond roedd 'na lanast ofnadwy yn ei stafell fyw. Fel tasai wedi cael parti i un.

'Parti?' gofynnodd Ceri, a difaru gofyn yn syth.

Roedd yna ganiau cwrw wedi eu gwasgu ar y llawr wrth ymyl lle roedd Edwin wedi bod yn cysgu, ac roedd soser yn llawn llwch a stympiau sigaréts. Ac roedd y lle'n drewi o gwrw, ac ogla corff.

'Syrthio i gysgu yn sbio ar ffilm wnes i,' meddai Edwin, mewn embaras amlwg.

Edrychodd Ceri ar y set deledu wag. Eisteddodd Edwin ar ymyl cadair freichiau, heb ei gwahôdd hithau i wneud yr un fath. Ond eistedd wnaeth hi. Syrthiodd rhyw dawelwch chwithig rhwng y ddau. Dechreuodd Ceri ddifaru dŵad draw. Doedd 'na'm croeso iddi gan Edwin. Ac eto, doedd ganddi neb arall yn y dref yma, efo'i strydoedd a'i meddyliau cul. Ceri siaradodd gyntaf.

'Aethoch chi ddim? I'r syrcas? Yn diwadd?'

'Be'n union ti isio efo fi, Ceri?' gofynnodd Edwin, a'i lais yn filain eto. 'A be sgin Noa —?'

'Ma nhw ar ei ôl o! Noa, ma nhw am ei waed o, Edwin! Wir 'wan! 'San nhw 'di ca'l gafa'l ynddo fo 'san nhw 'di —'

'Pwy? Pwy di'r "nhw" 'ma?'

'Giang fawr ohonyn nhw. Yn cyfarth 'tha cŵn arno fo! Yn barod i'w ddarnio fo'n racs! Deud ma fo —'

'Be?' gofynnodd Edwin yn ddistaw. 'Deud ma fo be?' Ond rhywust doedd o ddim yn swnio fel cwestiwn.

Ac eto, roedd o'n edrych arni, yn syllu'n syth ati fel tasai'r geiriau roedden nhw'n siarad yn y lolfa fach ddrewllyd yma yn yr hanner tywyllwch oedd y geiriau oedd yn mynd i newid y byd.

'Wel, y prowlar. Ma fo sy 'di bod yn gneud petha rownd Treheli 'ma. A bod o'n mynd i dalu.'

'Yn mynd i dalu,' ailadroddodd Edwin ar ei hôl.

Plygodd Edwin ymlaen ymhellach byth yn ei sêt, a phwyso ei geg yn erbyn ei ddwy law oedd wedi dod at ei gilydd mewn gweddi, fel mewn ffilms, meddyliodd Ceri.

'Sa jans am banad ella? Dwi 'di starfio allan yn fan'na, a dwi'm 'di yfad dropyn o ddim ers oria!'

Edrychodd Edwin arni eto, bron yn ei gweld hi am y tro cyntaf. Nodiodd, codi, a gadael y stafell.

'Coffi un siwgwr!' gwaeddodd Ceri ar y stafell wag.

Noa

DEFFRODD NOA o freuddwydion yn llawn tanau a sŵn miwsig, ac wyneb clown gyda'i geg yn fanana goch waedlyd, yn estyn amdano efo menyg melyn, a sŵn chwerthin pobol eraill. Ond ei lais o'i hun a'i deffrodd. Yna syllodd yn hurt, a'i lais yn dal yn uchel ac yn bowld o'i gwmpas yn yr hanner tywyllwch. Cymerodd ychydig o eiliadau iddo gofio lle roedd o. Yr oerni afaelodd yn ei esgyrn yn gyntaf, a'u pinsio'n biwis i mewn i'w gnawd. Wedyn daeth yr ogla, ogla henaint hen hafau, wedi ei bacio'n bendramwnwgl ddiwedd tymor i dŷ haul bach ar waelod gardd, a siom diwedd cyfnod yn dew dros pob dim.

Dim ond wedyn y sylwodd arni hi, a dychryn eilwaith. Roedd hi'n gorwedd yn ôl yn braf ar un o'r cadeiriau plastig, fel tasai'n pendwmpian ar lan y môr, basgiad picnic wrth ei hymyl a'r plantos yn ddotiau duon yn y pellter. Syllodd Noa arni. Roedd ei gwallt wedi datod fymryn o'r steil roedd Noa wedi ei weld ganddi, a rhyw gudyn hirach na'r disgwyl yn syrthio'n afon arian i lawr y blanced oedd drosti. Er bod y blanced yn drewi o lwydni a mymryn yn damp, roedd Noa'n falch ei fod o wedi medru ei roi drosti pan syrthiodd i gysgu o'r diwedd, a'r nos yn brathu. Syllodd ar ei hwyneb, a'i chroen yn feddal, yn ddi-grych, esgyrn ei gwddw fel styllod a'i cheg yn 'O' fawr dywyll, wedi synnu at rywbeth a rhewi wedyn. Fel cartŵn o rywun hen, meddyliodd Noa. Yn rhan o ryw strip cartŵn oedd yn od ond ddim yn ddoniol o gwbwl.

Roedd hi wedi ei alw'n Idris neithiwr. Eto ac eto, a deud ''Ngwash i, 'ngwash i' eto ac eto rhag ofn iddi anghofio'r geiriau. Ac roedd arno ofn deud dim yn ôl. Ofn deud mai Noa oedd o, mai dim ond Noa oedd o, a doedd neb wedi ei alw'n ''ngwash i' ers cyn iddo fedru cofio. Ers Mam mae'n siŵr, meddyliodd. A doedd hithau rioed wedi swnio fel hyn wrth ei ddeud o chwaith.

Syllodd ar y flanced wedyn. Syllu a syllu. Doedd hi ddim yn symud, ddim yn codi i fyny ac i lawr wrth i rywun anadlu. Roedd hi'n anodd deud os oedd 'na le i'w chalon dryw bach fedru curo, a'r blanced yn drwm drosti. Ond roedd ei hwyneb yn wyn wyn wyn. Safodd ar ei draed a chofio am y ffêr oedd wedi chwyddo dwywaith ei maint erbyn hyn, fel un o draed yr hen eliffant hwnnw.

'Isabella!' hisiodd. 'Isabella?'

Daliodd hithau'r un ystum yn union, heb symud.

Na! Na na na na na! meddai Noa a'r llais yn ei ben, a'r coed a'r llwyni a phob dim o'i gwmpas. Na, doedd hyn rioed yn digwydd. Doedd Isabella rioed wedi...

Allan. Allan... i alw am rywun, i ofyn am... i fynd o 'ma. Camodd yn drwsgwl dros y geriach oedd ar lawr, a chyrraedd y ffenest fel tasai'n cyrraedd pen draw'r byd. Roedd camu allan yn llawer anoddach na chamu i mewn drwy'r twll siâp seren. Roedd ei ffêr fel balŵn a'i gymalau'n brifo, yn gwneud iddo deimlo fel dyn pren. Yn ei frys blêr, rhwygodd ei fraich ar un o'r pigau yn ei symudiad olaf un, a theimlo'r boen yn naddu wrth iddo weiddi allan. Damiodd. Roedd o wedi colli'r arfer o gadw'n ddistaw. Wedi anghofio'r tric o swatio'r boen ato yn dynn fel anifail, a'i fygu.

Safodd yn stond ar ei goes dda, a gwrando. Oedd o'n dychmygu, neu oedd yna ryw sŵn siffrwd yn y goedlan fach y tu ôl? Gwrandawodd eto. Roedd rhywbeth yno, yn saff. Llwynog, neu ryw gath ar ei hynt nosweithiol yn dwyn y byd yn ôl dan rym ei phawennau. Ac eto! Anifail oedd o? Roedd y nos yn dechrau bagio'n ôl i wneud lle i'r dydd, fel clais ar wyneb yn dechrau melynu a gwella.

Ac yna daeth yr wylofain mwyaf iasol o rywle, a saethu ar draws aer y nos.

'Naaaaaa! Pliis! Pliiiiiiiis!'

Isabella! Ar unwaith llifodd rhyddhad ac arswyd drwyddo, a'r arswyd yn tyfu'n gryfach ac yn gryfach. Herciodd ei ffordd yn ôl tuag at y tŷ haul, tuag at y twll seren, tuag ati hi. Ac yna digwyddodd pob dim mor sydyn fel na chafodd gyfle i feddwl. Gafaelodd pâr o ddwylo cryfion ynddo o'r tu ôl a thynnu ei freichiau am yn ôl fel bod Noa yn teimlo eu bod yn cael eu tynnu o'u gwraidd.

'Ma chdi'r bastad!! Dwi 'di'i ga'l o! Dwi 'di'i ddal o, Wil! Dwi 'di ca'l y pyrfyn diawl! A sbia, ma'r hen ledi 'na yma efo fo, myn uffar! Asu! Sbia! Sglyfath! Ty'd yma!'

Rhuthrodd gwyrddni tywyll yr ardd i'w gyfarfod wrth iddo gael ei lusgo i'r llawr.

Edwin

PWYSODD EDWIN EI ben ar yr oergell er mwyn sadio rhywfaint a thrio sobri. Wrth i'r oerni ledu ar draws ei dalcen a deffro'i esgyrn a'i gyhyrau, fe ddaeth hefyd â sylweddoliad iasol yn ei sgil. Blydi hel, be oedd yn matar arno fo? Ar ôl pob dim roedd o wedi'i ddeud, ar ôl pob dim roedd o wedi addo iddo fo'i hun. Idiot! Blydi idiot!

Tasai hi wedi craffu drwy'r ffenest yn ddigon agos mi fasai wedi eu gweld nhw i gyd, yn blith draphlith ar lawr fatha mosaic du a gwyn. Fasai hi ddim wedi medru gweld mai lluniau ohoni hi oeddan nhw, ddim o bellter fel'na, ond eto… Mi fasai wedi bod cyn agosed ag erioed atyn nhw. Wedi meddwl eu llosgi oedd o. Fory. Roedd 'na nant fach o synnwyr cyffredin yn rhedeg drwy'i ben hyd yn oed yn ei ddiod. Ond dim digon o sens i beidio eu hestyn nhw allan am un tro ola i sbio arnyn nhw chwaith. Un tro ola. Doedd o ddim yn cofio syrthio i gysgu, wrth reswm. Ond mae'n rhaid mai dyna ddigwyddodd achos roedd y curo main ar y ffenest fatha cyllall drwyddo. Doedd o ddim am atab cyn iddo glywed ei lais hi. Yr ymbil yn ei lais hi. A cael a chael eu casglu nhw roedd o wedyn cyn agor y drws. Cael a chael.

Gadael y tŷ oedd angen rŵan. Ei chael hi allan o 'ma, a fynta efo hi. Ac roedd rhaid iddyn nhw chwilio am yr hogyn.

Fasai Edwin ddim yn maddau iddo fo'i hun tasai rhywbeth yn digwydd i Noa. Eto.

Rihyrsiodd y geiriau yn ei ben, felly wrth gerdded yn ôl i mewn i'r lolfa, dechreuodd siarad yn syth.

'Gwranda, Ceri, anghofian ni am y banad, yli, a ddo i efo chdi, i chwilio am Noa. Do's wbod —'

Daeth i stop. Roedd hi'n sefyll yno, yn edrych i lawr ar rywbeth yn ei llaw. Llun ohoni hi ei hun. Un wedi ei dynnu o bell efo lens macro oedd o, yn pwyso ar y caban ac yn sbio allan ar y môr. Roedd yn un o'i ffefrynnau, sylwodd Edwin.

Yna cododd ei phen ac edrych arno. Ac roedd niwl y cwrw wedi clirio digon o ben Edwin iddo fedru gweld ei bod hi'n edrych yn wahanol arno. Cododd ei hysgwyddau, fel tasai Edwin newydd ofyn cwestiwn iddi. Roedd ei llais yn fflat pan ddaeth o, a phob teimlad wedi ei wasgu ohono.

'Wnaeth hi rioed fadda i mi, 'chi. Mam, 'lly. Am ffendio'r lluniau. Y rhei oedd y Roy 'na 'di gymryd ohona fi heb i mi wbod. Wnes i'm trio'u ffendio nhw. Wir yr. Wnes i ddim. Ond do'dd hi'm yn gwrando. Fi o'dd 'di mynd i fusnesu lle dylwn i ddim, 'de? Un fel'na o'ddwn i braidd. Sticio 'nhrwyn i mewn i betha. Busnesu. A fi o'dd bai, 'lly 'de, bod Roy 'di'i gada'l hi. *Love of her life*, medda hi. 'Di'i gada'l hi, ac arna fi o'dd y bai. A wna'th hi rioed fadda.'

Chwalodd ei llais fymryn tua'r diwedd. Colli ei nerth. Fel ton yn cyrraedd y traeth, meddyliodd Edwin. Fel ton yn torri. Gwyddai na fyddai byth yn medru gweld hynny eto heb feddwl amdani hi.

Roedd hi wedi dechrau goleuo yn y stafell erbyn hyn, a golau dydd yn rhwbio'i wyneb yn y ffenest. Edrychai'r stafell yn wahanol hefyd. Roedd pob dim wedi newid. Doedd 'na'r un gair yn y byd oedd yn iawn, meddyliodd Edwin. Dim un gair yn gwneud y tro. Ac felly fe safodd y ddau am rai eiliadau oedd yn teimlo fel munudau, a gweld y golau dydd yn trio meddiannu'r dodrefn a'r celfi a'r stafell i gyd, ac yn trio eu llyncu nhwythau hefyd.

'Noa,' meddai Ceri o'r diwedd, ac ysgwyd ei hun. Gosododd y llun ar y bwrdd coffi bach blêr, a sbio arno fo am un tro arall cyn troi. 'Rhaid mi fynd i chwilio am Noa.'

'Noa,' meddai Edwin ar ei hôl, yn cydio yn yr unig air saff oedd yn ei ben, *yr arch ynghanol y lli*.

'Ga i ddŵad efo chdi. I chwilio. Caf, Ceri?' Ac yna, 'Plis?'

Dim ond am ennyd edrychodd hi arno, cyn nodio.

'Fyddwn ni'm angan tortsh erbyn hyn, beth bynnag, i weld yn iawn.'

'Na fyddwn,' cytunodd Edwin. 'Na fyddwn, Ceri.'

Noa

Pan edrychai Noa'n ôl wedyn, roedd pob dim wedi arafu ar ôl hynny. Pob dim wedi magu rhyw dempo llesg breuddwydiol, fel tasen nhw wedi cael eu cario ar y llif o'r ardd oedd wedi ildio ei chyfrinach i'r dydd, i lawr y strydoedd gweigion a'r tai yn gychod mud, yn dystion i'r olygfa.

Yr eliffant welodd o gyntaf, ar ôl iddo gael ei daflu'n ddirmygus yn erbyn y wal isel rhwng y stryd a'r môr, ei freichiau wedi eu tynnu'n giaidd y tu ôl i'w gefn. Roedd y creadur hynafol yn sefyll yn y dŵr cryn bellter oddi wrth y lan, yn trochi'n hamddenol ac yn creu cylchoedd mawr ar wyneb y dŵr a oedd bellach yn sgleiniog yng ngolau haul gwan y bore cynnar. Symudai ei drwnc yn osgeiddig o'i gwmpas a'i godi at ei geg, cyn tasgu dŵr at ei ysgwyddau a'i gefn.

'Be uffar?!' Llais Wil Jôs glywodd Noa y tu ôl iddo, yr un oedd wedi bod yn fforman ar y criw oedd wedi llusgo Noa yma. 'Blydi thing 'di dengid, myn diawl! Lle ma giaffar y syrcas, y Mainwaring bach pwysig 'na? Fydd hwn 'di dychryn y pysgod i gyd!'

Wrth i Noa edrych i'r chwith, roedd 'na gryn dorf wedi ymgasglu ar y stwbyn pier bach, yn edrych allan ar yr eliffant a'i ddawns bwyllog yn y dŵr. Torf dipyn tawelach na'r criw oedd yn udo am ei waed neithiwr, meddyliodd Noa. Doeddan nhw ddim fatha'r un rhai, er bod Noa ar ei waethaf yn medru adnabod ambell ben o wallt, ambell wyneb.

'Noa! Noa! Be ddiawl… be dach chi'n neud? Be dach chi'n neud iddo fo!'

Daeth y llais o'r tu ôl iddo. Doedd dim rhaid iddo fo droi i weld pwy oedd yno, hyd yn oed tasai'n medru. Mi fasai'n nabod llais Dafina yn unrhyw le, er bod ei llais yn dew rŵan, fel tasai ganddi garreg yn ei gwddw.

Ac yn sydyn roedd 'na fwy o weiddi. Roedd rhywun wedi ei weld yn hanner gorwedd ar y wal, a hengsmyn Wil Jôs yn griw o'i gwmpas. Gwaedd unigol o gyfeiriad y pier oedd o i ddechrau, ond buan iawn y chwyddodd yn gwmwl o sŵn du, bygythiol. O fewn dim roedd y cwmwl yn dechrau symud i lawr y pier a thuag atyn nhw.

O ble gafodd Noa'r syniad, wyddai o ddim. Ond cyn i ddynion Wil fedru cau fel feis am yr anifail i ddangos mai nhw oedd y bòs, mai nhw oedd biau'r anifail yma oeddan nhw wedi ei ddal, mi giciodd Noa gyda nerth nad oedd o rioed wedi'i deimlo na'i brofi o'r blaen. Nerth dyn oedd yn ymladd am ei fywyd, nerth dyn oedd wedi ymladd am ei fywyd ers eiliad ei eni. Ac roedd blynyddoedd wedi gwasgu i'r gic a'r gwthiad hwnnw. Rhedodd am ei fywyd i gyfeiriad y môr, gan adael y dref a'r gweiddi a'r rhegi a'r bygythiadau i gyd ar ôl.

Ebychodd wrth i oerni'r dŵr lyfu wrth ei fferau, ond ymlaen yr aeth o, a throedio'n fwy gofalus byth ar ei ffêr chwyddedig wrth iddo deimlo'r cerrig o dan wadnau tenau ei esgidiau canfas llac. Edrychodd ar ei draed a'i fferau, yn wyn ac yn anferth o dan y dŵr clir, ac yn fwy o draed eliffant nag erioed! Teimlai fel chwerthin, edrych i fyny i'r awyr a chwerthin fel na chwarddodd erioed. Wrth i'r dŵr gyrraedd ei wast, roedd o wedi dechrau cynefino. Yn ei elfen. Aeth ymlaen, ymlaen i gyfeiriad yr eliffant a drodd ei ben i edrych arno'n dŵad gydag ychydig iawn o ddiddordeb, cyn parhau efo'i ddefod llnau. Roedd symudiadau hamddenol y creadur yn creu'r mymryn lleiaf o donnau bychan, ond fel arall, roedd y môr yn berffaith lonydd, yn ddistaw ac yn ddioglyd o'u cwmpas. Meddyliodd Noa am Isabella, a godrau ei sgert y tro cynta hwnnw, yn dawnsio'n ysgafn ar wyneb y dŵr.

Ymlaen aeth Noa, a synau'r byd wedi toddi'n ddim y tu ôl iddo, ac wrth iddo droi ei ben i edrych, roedd Treheli'n dref degan a phobol blastig wedi eu gosod yno i edrych arno, pob ystum wedi rhewi. Edrychodd draw wedyn i gyfeiriad y marian, a rhai o bebyll y syrcas eisoes wedi cael eu tynnu i lawr, a'u polion fel esgyrn. Roedd y bylchau mawr yma ac acw rhwng y pebyll yn gwneud i Noa feddwl am geg wedi colli dannedd, a chofiodd am rai o'r hogia yn yr ysgol ffwr' oedd yn wenau bylchog i gyd. Rhyfadd fel mae meddwl rhywun yn troi, meddyliodd Noa. Rhyfadd. Pryd fydd y syniadau a'r lluniau yma'n stopio llifo drwy'i ben, tybad? Faint o amser fydd hynna'n ei gymryd ar ôl iddo suddo'n araf dan wyneb y dŵr?

Am ei fod yn syllu fel hyn, chlywodd Noa mo Edwin yn symud fel drwy driog tuag ato, a ddim tan fod Edwin yn ddigon agos i'w glywed wnaeth Noa sylwi ei fod o yno.

'Noa. Noa, boi. Paid â dychryn.'

Syllodd Noa arno fel tasai'n siarad iaith ddiarth. Aeth Edwin ymlaen i siarad, ac roedd ei lais o'n ddistaw ac yn annwyl.

'Sdim rhaid chdi neud hyn, nago's washi? Dim hyn, nago's?'

'Mae'n iawn, chi. Fydda i'n well. Fydd pawb yn well wedyn, bydd? A neith o'm brifo.'

'Ond sdim rhaid i ti. Dyna dwi'n ddeud wrthat ti. Sdim isio i ti fod yn fan'ma fel hyn, sti. Sortia i betha. Sortia i bob dim.'

Edrychodd Noa ar yr hen eliffant oedd yn sbio arnyn nhw am eiliad, cyn cario mlaen i stompio yn y dŵr.

'Cês 'di hwn, 'de?' meddai Noa, dan chwerthin, ac wedyn troi yn ôl i edrych ar Edwin. 'Yr eliffant 'ma, 'lly. Malio dim am neb, nac'di? Pawb yn gneud ei nyt 'nôl yn fan'na ar y lan ond mots gin hwn, nag o's? Mots gynno fo amdanyn nhw.'

'Nag o's,' cytunodd Edwin, ac edrychodd y ddau allan ar yr eliffant am rai eiliadau.

'Ti am ddŵad yn dy ôl, Noa? Efo fi? Mi sortian ni betha. Deud be ddigwyddodd.'

'Wnân nhw'n lladd i! Ne 'mrifo fi! Dwi'm yn ddwl. Dwi'n gwbod sut fydd hi,' meddai Noa, a doedd o'n teimlo dim byd wrth ddeud y geiriau chwaith, yn wag y tu mewn, a'r geiriau wedi colli eu nerth i gyd.

Trodd Edwin ei ben ac edrychodd allan eto ar y môr, fel nad oedd Noa'n medru gweld ei lygaid o.

'Trio helpu chdi, Noa. Trio helpu chdi o'n i, sti. Tro blaen.'

'Gaethoch chi air efo Dafina. I mi ga'l job pan ddes i'n ôl. Dwi'n gwbod hynna, siŵr. Pam arall 'sa hi 'di —'

'Naci.' Roedd Edwin wedi troi ato rŵan, a'i lygaid o'n sgleinio'n rhyfadd. 'Dim hynna... Dim... Isio ca'l ei warad o. Isio iddo fo... ada'l llonydd i chdi. Dyna cwbwl o'n i isio. Bastad o'dd o, Noa. Bastad brwnt.'

'Dad.'

'Ia. Arthur, ia.'

Wyneb ei dad yn biws las ar deils y gegin. Y gwaed lle tarodd ei ben ar y teils wedi tyfu fel coron. Ei dafod fel tamaid o ham tew yn lolian allan o'i geg frwnt o. Neb yn y tŷ ond ei dad ac yntau.

Nofiodd rhyw waedd gynddeiriog atyn nhw o gyfeiriad y dorf oedd bellach wedi dyblu mewn nifer ar y lan. Wrth i Noa droi i sbio arnyn nhw, roeddan nhw'n chwifio eu breichiau fel tasan nhw'n croesawu llong oedd yn dychwelyd ar ôl mordaith hir o rywle. O'r pellter yma, roedd hi'n amhosib deud ai hapus 'ta blin oeddan nhw.

Neidiodd Noa pan gyffyrddodd Edwin yn ei ysgwydd, ac edrychodd y ddau i lygaid ei gilydd, fel tasan nhw mewn ffilm.

'Ond, ond chei di'm bai eto, yli, Noa. Chei di'm cymryd y bai eto. Dwi'n gaddo i chdi.'

'Na chaf?' gofynnodd Noa, heb ddallt yn iawn am beth roedd o'n sôn. Ac yna, gyda mwy o argyhoeddiad. 'Na chaf.'

'Awn ni am y lan?' gofynnodd Edwin. 'Ma Ceri'n aros amdana chdi, sti.'

Roedd y dŵr wedi dechrau oeri Noa at ei fêr, ac wrth iddo sbio i lawr ar ei ddwylo, sylwodd fod 'na donnau bach ar groen gwyn blaenau'i fysedd. Fel bod tamaid o'r traeth yn rhan ohono fo.

Nodiodd Noa, a chan gymryd un cip olaf hiraethus ar yr hen eliffant, dechreuodd ymlwybro yn ôl at y lan efo Edwin.

Ceri

Fis yn ddiweddarach

Suddodd Ceri fodiau ei thraed yng ngharped y gegin fel tasa fo'n dywod, nes eu bod wedi diflannu o'r golwg bron. Caeodd ei llygaid wrth deimlo'r gwlân yn cosi ei chroen.

'Teils yn betha glân 'fyd, sti. Mewn cegin. Yn enwedig os sgin ti blant a ballu.'

'Ond sgin i'm plant, nago's?'

Trodd Noa o wneud y brechdanau ac edrych arni am eiliad cyn troi'n ôl at ei dasg.

'Well gin i garpad. Carpad o'n i isio,' meddai Noa wedyn. 'Dwi 'di sbio digon ar y teils 'na.'

'Iawn, tad. Chdi 'di bòs!' meddai Ceri, a chwerthiniad bach yn byrlymu yn ei gwddw. 'Er bo fi'n ca'l byw 'ma!'

Roedd y distawrwydd rhyngddyn nhw yn un cyfforddus. Roedd hi wedi dŵad i ddeall hynny erbyn hyn. Yn ddistawrwydd oedd yn cymryd ei le yn ddel rhyngddyn nhw, fel aelod arall o'r tŷ.

Camodd Noa oddi wrth ei orchwyl wedyn, ac edmygu'r platiad o frechdanau fel artist yn edmygu gwaith yr oedd newydd ei greu.

'Neith hyn yn iawn, ti'n meddwl?'

'Lyfli! Dafina 'di dysgu chdi'n dda, do? Fydd o wrth ei fodd, siŵr. Ma'n neis cael rhywun i neud bwyd i chdi pan ti'n byw dy hun.'

Atebodd Noa mohoni, ond wedyn aeth draw i eistedd ati hi wrth y bwrdd bach crwn newydd. Sylwodd Ceri am y tro cynta ei fod yn edrych yn well, a'r pantiau yn ei fochau wedi llenwi rhyw fymryn.

'Panad?' cynigiodd Ceri.

'Na, fydd o yma'n munud, bydd? Gawn ni banad adeg hynny, ia?'

''Di o 'di bod yma o blaen?'

'Unwaith ne ddwy,' meddai Noa, a throdd ei ben ac edrych yn ôl am eiliad ar lawr y gegin, ei dalcen yn crychu lleia rioed.

Symudodd y distawrwydd rhyngddyn nhw fel anadl.

'Chwara teg i ti. Am neud hyn pnawn 'ma,' meddai Ceri ymhen ychydig.

'Isio diolch. Gin i lot o waith diolch i Edwin, does? Lot fawr.'

Atebodd Ceri mohono yn syth, dim ond claddu ei bodiau drachefn ym mheil trwchus y carped.

'Rhyfadd 'fyd, 'de?' meddai Ceri ymhen tipyn. Doedd hi ddim wedi bwriadu deud y geiriau'n uchel fel'na, chwaith. Ond roedd Noa wedi troi ei ben yn ôl ac yn syllu arni.

Ella mai gweld yr hen eliffant wedi dianc i'r môr oedd wedi bod ar fai, a phawb wedi gwario eu cyffro i gyd ar hynny. Ella mai dyna pam roedd Neuadd y Dref yn llai na hanner gwag i glywed Edwin yn deud ar goedd fod Noa wedi cael bai ar gam, ac mae yntau ei hun, Edwin, oedd yn gyfrifol am aflonyddu ar bobol Treheli.

Roedd Noa a hithau wedi penderfynu mynd i eistedd yn y blaen, fel nad oedden nhw'n gorfod wynebu neb. Ond roedd Ceri wedi methu peidio mentro troi ei phen un waith i sbio faint oedd yno, jyst cyn i Edwin sefyll ar ei draed. Chafodd hi ddim cyfle i nabod llawer o neb, gan fod ei llygaid wedi glanio ar Rita, yn eistedd ychydig resi y tu ôl iddyn nhw, yn syth fel dol mewn ffenest siop, a'i cholur wedi ei beintio'n ofalus yn ei le. Chymerodd hi ddim sylw o Ceri, a drodd yn ei hôl i wynebu'r llwyfan, gan wasgu braich Noa fymryn heb wybod yn iawn pam. Roedd Richard Preis ar y llwyfan hefyd, yn eistedd nesaf at Edwin, ond roedd o wedi anghofio ei tsiaen adra mae'n rhaid, ac roedd pob sglein wedi mynd ohono fo rywsut. Edrychai'n fwy normal na normal i Ceri, ac roedd 'na fymryn o siom yn hynny.

'Be sy'n rhyfadd?' gofynnodd Noa eto yn y gegin gefn fach a'i garped newydd.

'Wel, sti, bod neb yn ei goelio fo. 'Na fo o'dd 'di bod wrthi. Dim hyd yn oed y cops.'

'Gwbod na 'sa fo byth yn gneud ffasiwn beth oeddan nhw, 'de!' meddai Noa'n syth bìn. 'Gwbod ma trio cadw 'mhart i oedd o. Gneud be sy'n iawn, dyna ma Edwin 'di neud erioed. Dyn da.'

Doedd 'na ddim prinder geiriau'n gwibio'r tu mewn iddi, ond calla dawo, meddai Ceri wrthi hi ei hun. Roedd hi'n medru gwneud hynny efo'r gora. Cau ei cheg pan oedd raid.

Cododd Noa ei ysgwyddau'n ddidaro wedyn.

'Ac roeddan nhw angan rhoi'r bai ar rywun, am wn i.'

'Ond pam chdi? 'Di o ddim yn —'

''Di o ddim yn deg? Dyna oedda chdi'n mynd i ddeud? Go iawn, Cer?'

Teimlodd ei hun yn gwywo dan ei edrychiad, oedd yn torri drwyddi fel cyllall yn llithro drwy fenyn. Drwy gnawd.

'Wel, ia.'

'Ac ers pryd ma pobol 'tha ni 'di disgwl bod petha'n deg, d'wa'?'

Edrychodd Noa arni gyda hanner gwên, ond mewn ffordd oedd yn deud bod hynny'n ddiwedd ar y mater.

Pan ddaeth y rat-tat-tat ymwthgar ar y drws neidiodd Ceri, er ei bod wedi bod yn hanner gwrando amdano ers tro. Damiodd. Pryd oedd Mart yn mynd i adael iddi fynd? Pryd oedd hi'n mynd i fedru tawelu'r pinnau bach oedd yn llamu y tu mewn iddi pan oedd hi'n clywed sŵn sydyn? Er nad oedd hi wedi gweld lliw tin Mart ers noson y syrcas, roedd o'n dal yno. Yn pigo.

'Chdi 'ta fi?' gofynnodd i Noa.

'Y ddau ohonan ni. Ty'd.'

Safai Edwin yno mewn crys a thei, gwasgod a sbectol gron. Heb y cap llongwr ar ei ben, edrychai fel tasa fo yma ar fusnes difrifol y Cyngor Tref. Neu fel tasa fo'n mynd i'r capel, meddyliodd Ceri, nid i gael brechdanau ham ac wy a phanad o de.

'Dwi'm yn hwyr gobeithio?'

Agorodd Noa'r drws led y pen.

Sgubodd Edwin ei lygaid dros y ddau ohonyn nhw, ac oedi rhyw fymryn bach yn rhy hir arni hi. Edrychodd Ceri i ffwrdd.

'Nac'dach tad, Edwin. Croeso!' meddai Noa. 'Dowch i mewn, 'lwch. Dowch. Dwi 'di gneud bechdana i ni. A 'di prynu sgons!'

Gwenodd Edwin yn rhyw ffwndrus braidd, a chamu i mewn i'r pasej fel tasa fo'n cerdded ar rew.

Caeodd Ceri'r drws ffrynt yn glep, a dilyn y ddau i mewn i'r tŷ.

Hefyd gan yr awdur:

£8.95

Holwch am bris argraffu!
www.ylolfa.com